1ª edição – Fevereiro de 2024

Coordenação editorial
Ronaldo A. Sperdutti

Capa
Juliana Mollinari

Imagem Capa
123RF

Projeto gráfico e diagramação
Juliana Mollinari

Revisão
Alessandra Miranda de Sá
Maria Clara Telles

Assistente editorial
Ana Maria Rael Gambarini

Impressão
Lis Gráfica

Todos os direitos estão reservados. Nenhuma parte desta obra pode ser reproduzida ou transmitida por qualquer forma e/ou quaisquer meios (eletrônico ou mecânico, incluindo fotocópia e gravação) ou arquivada em qualquer sistema ou banco de dados sem permissão escrita da Editora.

© 2024 by Boa Nova Editora.

Av. Porto Ferreira, 1031 | Parque Iracema
CEP 15809-020 | Catanduva-SP
17 3531.4444

www.**boanova**.net
boanova@boanova.net

Dados Internacionais de Catalogação na Publicação (CIP)
(Câmara Brasileira do Livro, SP, Brasil)

Sabino, Anabela
   Educando com sabedoria espírita / Anabela
Sabino. -- 1. ed. -- Catanduva, SP : Boa Nova
Editora, 2023.

   ISBN 978-65-86374-32-2

   1. Educação 2. Filhos - Criação 3. Filhos -
Vida religiosa 4. Sabedoria I. Título.

23-183972   CDD-649.1

Índices para catálogo sistemático:

1. Filhos : Educação : Pais e filhos : Vida familiar
       649.1

Aline Graziele Benitez - Bibliotecária - CRB-1/3129

Impresso no Brasil – Printed in Brazil
01-02-24-3.000

EDUCANDO COM SABEDORIA
ESPÍRITA

ANABELA SABINO

Khalil Gibran compara Deus ao Arqueiro, e os pais, aos arcos que lançam os filhos como flechas vivas para a vida:

> "O Arqueiro mira o alvo na senda do infinito e vos estica com toda a Sua força para que suas flechas se projetem rápidas e para longe.
> Que o vosso curvamento na mão do Arqueiro seja a vossa alegria. "[1]

---

1 Gibran, K. *O Profeta*. São Paulo: Planeta do Brasil, 2019.

*Dedico este livro a
Théo, Maggie, Matias
e outros netinhos que virão.*

Seguem algumas considerações a respeito da natureza do homem e da finalidade de sua existência que fundamentam a pedagogia e a psicologia sob a perspectiva transpessoal:

Apesar da relatividade do nosso saber, sempre sujeito à lei do progresso, podemos fazer algumas afirmações que nos orientam na compreensão da natureza humana. Manifestações dos espíritos demonstram que a sua razão, seus sentimentos, suas lembranças, seu saber e suas qualidades morais residem no espírito. Esse espírito – e não só o corpo – se desenvolveu nos reinos inferiores da Criação, antes de atingir o plano da liberdade e da razão. [...] A lei da evolução, tanto no plano material quanto no plano moral, nos faz entrever que a vida tem um propósito, um sentido, uma finalidade – o aperfeiçoamento de todos os seres [...]. E, no plano hominal, vai progredindo sempre, em sucessivas reencarnações, até alcançar a condição de Espírito puro.

A vida do Espírito é eterna, sobrevivente à morte do corpo.

O espírito deixa o corpo físico, mantendo o perispírito ou corpo mental, constituído de matéria imponderável, que conserva a mesma forma humana.

Os elementos que compõem o mundo tal qual o conhecemos e o mundo espiritual na sua multiplicidade de aspectos são variações moleculares da mesma substância primitiva.

O que mais existe no interior de um átomo é espaço vazio, matéria invisível aos nossos olhos. Mas, não há vazio na natureza, o que assim nos parece está tomado por uma energia que, ainda, não foi detectada pela ciência.

Se pensar em seu corpo e mente como compostos de moléculas vibrando em diferentes frequências, poderá entender melhor como pode ter componentes sólidos e não sólidos que compõem o que você chama de "você".

O conceito de individualidade é talvez o mais importante para a prática sensata da educação. Aliás, quem compreende o que é o homem, em sua essência, respeitará o caráter de singularidade que cada ser humano possui. [...]

Não há duas pessoas que estejam exatamente no mesmo degrau de evolução espiritual. As individualidades que mais se afinam são as que estão mais equiparadas nesse sentido. Mas as variações são infinitas: algumas mal saíram do domínio dos instintos animais, tendo apenas começado o seu desenvolvimento intelecto-moral; outras estão adiantadas em inteligência, mas revelam ainda grande indigência em moralidade; muitas possuem bons sentimentos, mas são deficitárias em seu desenvolvimento mental; raras sobre a Terra, já estão no rumo da angelitude [...].

Todo Espírito que reencarna neste mundo já viveu outras vidas e já desenvolveu certos aspectos de sua personalidade ou já adquiriu certos vícios [...]. Assim, qualquer Espírito traz, em forma de tendências inatas, aquilo que conquistou anteriormente. [...]

Todo Espírito que reencarna vem à Terra com o propósito de evoluir, com o propósito específico, familiar, profissional, pessoal, em que deve exercer uma tarefa, uma vocação, tendo liberdade de cumpri-la ou não. [...]

Aliás, é o caráter individual do Espírito reencarnante que vai interagir com a lei da hereditariedade, [...] de acordo com a lei da ressonância, seleciona os genes na hora da concepção, tendo em vista as necessidades evolutivas e pela própria vontade da alma que volta. [...]

Segundo o biólogo Bruce Lipton e o dr. Hamer, a natureza do ser humano é determinada mais pelos estímulos ambientais do que pela genética. Segundo os estudos deles, os genes estão sujeitos a influências ambientais e são mutáveis. Podem ser alterados por conflitos prolongados, assim como pela resolução desses conflitos.

Por sua natureza tríplice (animal, social e espiritual), por sua origem divina e por sua destinação eterna, todos os homens são iguais. Por filiação a um mesmo Pai, todos os homens são irmãos. Mas por sua individualidade, todos os homens são diferentes.

A igualdade de direitos, que é uma conquista da nossa civilização democrática, não deve ser confundida com massificação das individualidades [...]. Um dos mais legítimos direitos do homem é o de desenvolver e expressar a sua individualidade. Esta oportunidade só a Educação, entendida em suas finalidades reais, pode proporcionar.

O homem é um ser livre, pois não haveria nenhum vestígio de moralidade no universo, se a criatura não tivesse liberdade de escolha. [...]

Entretanto, ele não é livre para escapar às Leis divinas que animam o todo e que o orientam na própria consciência. Não é livre para fugir das consequências de sua ação, praticada livremente, permanecendo sujeito à lei de causa e efeito, embora sempre possa estar modificando seu destino por novas ações e pela emissão de outras formas-pensamento.[1]

Partindo do entendimento da natureza humana e de sua psicologia, pode-se dar alguma definição a respeito da criança.

A criança é, antes de qualquer coisa, um Espírito reencarnado, uma alma que recomeça uma nova existência na carne. [...]

A reencarnação produz uma espécie de amnésia temporária do Espírito, justamente para dar-lhe a oportunidade de recomeçar uma nova experiência.

É também uma personalidade nova em desenvolvimento. A personalidade atual deve se formar ao influxo do ambiente, da educação, dos estímulos da presente existência, mas também sob a orientação inconsciente da sua essência espiritual.

Mas a principal finalidade de o Espírito nascer criança outra vez é ser educado novamente. [...]

O período infantil é um período muito sério, porque então o homem, ainda não aparelhado física e psiquicamente para o trabalho considerado produtivo no mundo, pode se dedicar ao trabalho [...] de aprender, de amar, de construir a si mesmo, de observar a vida e as coisas com os olhos de interesse e entusiasmo.

Enquanto os vícios passados dormem no subconsciente, a alma pode dar expansão à sua divindade interior.[2]

---

1 Dora Incontri. *Educação segundo o Espiritismo*. Capítulo I – A natureza humana. Bragança Paulista: FEESP, 2003.
2 Dora Incontri. *Educação segundo o Espiritismo*. Capítulo III – A criança. Bragança Paulista: FEESP, 2003.

O fato essencial da adolescência é o gradual despertar psíquico do Espírito encarnado, condicionado pelo desenvolvimento biológico. Corporalmente, o adolescente está se tornando adulto, e espiritualmente está começando a mostrar o seu eu profundo. A alma encarnada está em vias de tomar posse definitiva de seu aparelho biológico, de sua razão plena, de sua existência presente. Está saindo da tutela alheia para assumir a responsabilidade da própria vida.[3]

Um dos objetivos principais da nossa existência na Terra é a formação de um núcleo familiar, onde possamos conviver com Espíritos afins, com nossos credores e devedores, em colaboração mútua para a evolução de todos.[4]

Os membros de uma mesma família têm um programa de evolução adrede estabelecido, tornando-se a família, portanto, um laboratório de vivências das mais expressivas de que necessita o ser humano.

---

3 Dora Incontri. *A Educação segundo o Espiritismo*. Capítulo XII – O educando na adolescência. Bragança Paulista: FEESP, 2003.
4 Dora Incontri. *A Educação segundo o Espiritismo*. Capítulo VI – A preparação dos pais. Bragança Paulista: FEESP, 2003.

13[1]

Você escolhe como quer ver as coisas.

Ficar chateado porque o sorvete está no final, ou satisfeito porque teve sorte de saborear delicioso picolé.

Avalie sempre da melhor forma.

Enxergar o lado bom ou ruim, é escolha de cada um.

---

1 SABINO, Anabela. *Crescendo com sabedoria*. Catanduva, SP: Boa Nova, 2014
As mensagens do livro *Crescendo com Sabedoria*, apresento esporadicamente, quando há alguma relação com o tema.

Para desenvolver-se saudavelmente, a criança precisa sentir-se amada tanto quanto precisa de boa alimentação.

Há muitas formas para os pais demonstrarem esse amor: por meio de gestos e palavras carinhosas; pela atenção em lhe preparar o prato preferido; ao brincar com o filho; ao ouvi-lo contar seus causos da escola; ao ensinar-lhe o que é certo e o que é errado fazer; ao recebê-lo com um sorriso quando este chega da escola etc. Também são demonstrações de amor os cuidados pessoais, com sua segurança, saúde e asseio, além de tantas outras manifestações de afeto presentes no dia a dia.

Porém, é especialmente importante a criança sentir-se valorizada simplesmente por ela ser quem é. Ser aceita do jeitinho que é: gorda, magra, chorona, medrosa, corajosa, doente, saudável, tímida, expansiva, muito inteligente, com sérias ou suaves limitações cognitivas, com deficiências físicas ou não, menino ou menina. Amor incondicional é aquele que existe por si só, sem relação alguma com o "objeto" externo. Não impõe condição.

"Amo você porque você é meu filho, e pronto!" Qualquer coisa que possa completar essa frase é uma justificativa.

Ocorre diferentemente com a criança que se sente amada por ser a primeira da classe, por ser a mais bonita, pela precocidade de seus talentos, por ter ganhado medalhas esportivas ou por ser bem-comportada.

"Amo você por você ser quem é" tem consequências emocionais diferentes de "Amo você por ser assim ou assado".

Porém, a criança precisa entender que, embora seus pais a amem incondicionalmente, não precisam aprovar tudo o que ela faz.

Amar incondicionalmente um filho é também não ter receio de tomar uma atitude impopular, quando a situação assim o exigir. "Eu o amo, mas não apoio o que você fez"; "Eu o amo, mas não concordo com o que quer fazer, por não ser correto".

Este amor é para sempre. *A criança deve sentir que seus pais a amam pelo simples fato de ela existir na vida deles!*

Sentir-se amado impulsiona o desejo de crescer, de ser mais, não para agradar os pais, mas pela própria criança, aumentando as chances e possibilidades para a crença positiva em si mesma.

Ser aceita como é permite à criança entrar em contato com os próprios anseios e descobrir quem ela deverá ser.

2

As Leis Naturais sinalizam sabedoria ao eleger necessariamente duas pessoas para gerar uma criança, aumentando assim a probabilidade de ela ser assistida.

A criança nasce frágil e chorosa para despertar nos genitores sentimentos mais amorosos e o impulso positivo de proteção. Em tudo, desde a concepção, a natureza sussurra o que deve ser feito: cuide e ame esta criança.

Pais, de maneira geral, amam os filhos, mas isso pode não ser suficiente para que a criança se sinta amada e protegida.

A repercussão desse espaço não preenchido é imprevisível, eliciando sentimentos subjetivos e reações peculiares do adulto em relação à educação dos filhos, como:

- Nada foi fácil para mim, por que tem de ser diferente com meus filhos?; ou:
- Educo meu filho do mesmo jeito que fui educado, porque deu certo!
- Tudo aquilo que não tive dou aos meus filhos; e:
- Quero fazer diferente, mas acabo fazendo igualzinho aos meus pais.

Nas formas de pensar acima, a referência é a mesma: o sentimento que ficou registrado em relação ao que se recebeu dos pais. É difícil alcançar a sensatez quando estamos submersos em ressentimentos.

Independentemente do afeto recebido, olhemos com respeito e gratidão àqueles que nos dera a vida e caminhemos adiante.

Os pais erram querendo acertar, por falta de informação, imaturidade emocional, negligência, egoísmo etc. Os mesmos pais acertam outras tantas vezes por instinto, intuição, bom senso, por ensaio e erro, pela observação, buscando deliberadamente orientação e, outras vezes, quase sem querer.

Para ser pai e mãe não é preciso um atestado de merecimento; é preciso apenas que dois corpos se unam. Cada qual acessa dentro de si o que tem para oferecer.

Se você ama seu filho, tem a seu favor a boa intencionalidade. Porém, boa intenção nem sempre é suficiente.

Amor e técnica são binômios eficazes para tudo na vida, inclusive na educação dos filhos.

3

Os avós devem ter percebido que as crianças desenvolvem cada vez mais cedo suas habilidades motoras e cognitivas.

É comum o bebê recém-nascido olhar para todos os lados, observando o que se passa ao redor. Antes dos três meses já percebemos tentativas de levantar a cabeça e o tronco de onde estão apoiados. E assim, atentos a tudo, aprendem com mais rapidez.

Cada vez mais cedo as crianças demonstram ter opinião, indagam sem medo o que não entenderam, questionam, fazem conexões dos fatos, tiram conclusões, emitem opiniões, aprendem e imitam o adulto, argumentam e fazem exigências.

Não despreze a inteligência delas. O amanhã aguarda crianças cada vez menos infantis do que são hoje. A infância será ainda mais curta, menos adormecida, mais lúcida.[1]

Não existe mais a infância do tempo dos nossos avós. A cada geração, as mudanças são mais evidentes, espíritos mais bem preparados renascem para fazerem as mudanças sociais e morais que anunciam uma nova era de progresso planetário.

Conversei oportunamente com o pai de uma criança que, ao sugerir ao filho de três anos que largasse a chupeta, teve como resposta a devolução da questão, quando o filho lhe propôs que também deixasse de fumar.

Muitos pais, confusos e desconcertados diante de tanta opinião em seres tão pequenos, deixam-se dominar em uma atitude de servilismo, ou travam confrontos desnecessários para impor autoridade.

Os novos tempos exigem uma postura amorosamente pedagógica e firme dos pais, favorecendo consciências ávidas por participação, aprendizado, compreensão e transformação.

---

1 Este parágrafo é baseado no livro *Meditações* (capítulo 4), de Johann Heinrich Pestalozzi, com psicografia de Dora Incontri. Bragança Paulista: Comenius, 2009.

4

Para resultados imediatistas, as ações não precisam de grande complexidade. Se estiver com sede e tiver um copo d'água, é só beber. Porém, se só disponho dessa quantidade para a semana toda, isso exigirá maior planejamento de minha parte.

Da mesma forma, a educação com vistas a médio e longo prazos dá muito mais trabalho. Exige mais do que minimizar conflitos imediatos, porque requer olhar a situação em profundidade.

Cansa menos dizer ao filho que faz birra no supermercado: "Está bem, eu compro o que você quer" do que sustentar o "não" que a situação exige.

A criança pode, sim, ser contrariada, desapontada, o que é natural para seu desenvolvimento saudável, tendo em vista que a vida lhe imporá uma sucessão de frustrações. Aprender a lidar com elas com a supervisão dos pais é mais reconfortante.

A conduta permissiva dos pais, camuflada de "amor", pode esconder a incapacidade de lidar com situações de conflito, o medo de perder o amor dos filhos, pois muitos confundem amor com dependência, ou sentem-se culpados por alguma situação pessoal, e recorrem a práticas ineficientes que colaboram para a reincidência da atitude que querem evitar.

Para educar é imperativo se autoeducar. Exige dos pais análise de suas crenças. Cabe aos pais se perguntarem: "Por que é tão difícil dizer não ao meu filho? Por que sou recorrente nesse tema?".

A criança que hoje exige o brinquedo novo, que sempre escolhe o programa que a família fará no domingo, monopoliza a televisão, interrompe a conversa dos pais, exigindo ser atendido imediatamente, será o jovem adolescente que não compreenderá por que o pai e a mãe querem controlar sua vida, justo agora, que "são grandes".

A educação é um processo; mudar as regras do jogo depois do início da partida é muito difícil e ineficaz.

160

Quer fazer coisas que seus pais não deixam?

Gostaria de dormir além da hora que lhe é permitida?

Há estabelecimento de tempo para ficar na internet?

Cabe aos seus pais colocar limites para protegê-lo e melhor educá-lo.

Lembre-se que o sentimento que motiva a atitude de seus pais é o amor.

Seja compreensivo agora e, mais tarde, quem sabe, poderá lhes dar razão.

5

Educadores e pensadores são unânimes sobre a necessidade de ensinar a empatia para as crianças

Além do exemplo, os pais, precisam aproveitar ao máximo as situações do dia a dia para orientar seus filhos, e ainda mais, criar oportunidades de aprendizado para o exercício de boas condutas.

Em meu livro *Crescendo com sabedoria*, para crianças e jovens leitores, oriento-os a tomar decisões respeitando a si mesmo e aos outros refletindo sobre: respeitar as diferenças, focar naquilo que tem em comum com as outras pessoas, ser tolerante com o erro do outro assim como ele deseja que o outro aja em relação aos seus erros, fazer o que é certo mesmo que ninguém esteja olhando, dividir, colaborar, respeitar o direito do outro, não faltar com a verdade, cuidar da natureza, saber ganhar e saber perder em uma competição, superar os próprios recordes, e muito mais...

Tudo isso pode ser ensinado. O exercício da ética é campo vasto a ser explorado no dia a dia com as crianças, sem imprimir tom de julgamento e severidade.

O discernimento do que é justo, por exemplo, pode ser explorado em inúmeras situações diárias sem que a criança se dê conta. Principalmente quando se tem mais de um filho, são muitos os impasses, e também as oportunidades de refletir e mediar, junto deles, a saída mais justa.

Em certa ocasião, estava com um grupo de nove crianças, e tinha oito cubos mágicos para presenteá-las. Aproveitei a oportunidade para ouvir delas a saída para o impasse, visto que todas desejavam tê-lo. Fiquei surpresa com a solução do problema. Como havia duas irmãs no grupo, decidiram que um cubo seria dado para as duas irmãs, pois elas poderiam compartilhar o brinquedo.

Temos dentro de casa um laboratório de situações riquíssimas para explorar, para levar nossos filhos a pensar, dar soluções, criar estratégias, planejar, refletir e crescer.

124

Nunca pegue para si o que não lhe pertence.

Se pedir emprestado, devolva.

Se achar no chão, procure pelo dono.

Peça permissão para usar o que não é seu, mesmo que seja uma borracha.

Já ouviu o ditado popular, "é de pequeno que se torce o pepino"?

Significa que pequenos cuidados na infância formam um adulto mais "legal".

6

Muitos pais não conseguem manter o diálogo com seus filhos adolescentes; queixam-se que estes se trancam no quarto e respondem silabicamente às suas perguntas.

Respeitadas as necessidades de privacidade do jovem, outros interesses próprios da idade e a grande necessidade de estar com os amigos, há casos em que o jovem parece um estranho dentro de casa, tamanho o distanciamento deste com o restante da família.

Quando os filhos são pequenos, é comum chegarem da escola ávidos para contar o que a professora fez, o que aconteceu no recreio, ou para mostrar o desenho lindo que fizeram.

Também é bastante comum a mãe e o pai chegarem cansados demais depois de um dia de trabalho para dar a atenção que os filhos desejam e esperam receber. Quantas vezes os filhos pequenos disputam com o celular e aplicativos o tempo dos pais? Quantas perguntas sem resposta, quantas histórias que não foram reveladas, quantos abraços e beijos não compartilhados?

E assim, sem que os pais percebam quando começou, a espontaneidade dos filhos em procurá-los vai diminuindo. Um padrão de convivência impessoal e individualista, em que se fala o necessário para manter a ordem e a funcionalidade dentro de casa, vai se instalando. Com os jogos e as redes sociais *on-line*, fica ainda mais fácil para a criança e o jovem preencherem o espaço vazio deixado pela superficialidade das relações.

Este é um alerta para quem tem filhos ainda pequenos: não permita que o distanciamento e a falta de intimidade se instalem entre os membros de sua família por falta de olharem um nos olhos do outro.

Aproveite para iniciar a conversação com conteúdo emocional mais rico e significativo na primeira infância, quando as crianças estão mais receptivas a formar hábitos e crenças.

Substitua a famigerada pergunta "Como foi na escola hoje?", que geralmente é respondida monossilabicamente, por outras que revelem mais sobre seu filho e suas vivências.

Desenvolva uma comunicação mais significativa, que fará a criança entrar em contato com suas preferências, frustrações, sentimentos e sonhos.

Seguem algumas sugestões, inspiradas em vários sites, que podem servir de ponto de partida:

- Qual foi a melhor coisa que aconteceu na escola?
- O que fez você sorrir hoje?
- Você viu alguém sendo bom com outra pessoa?
- Viu alguém fazendo uma coisa que não era legal com outra pessoa? Como acha que eles se sentiram?
- Tem alguma coisa preocupando você? Gostaria de conversar sobre isso?
- Qual foi a regra mais difícil de obedecer hoje na escola?
- Com quem você mais gosta de conversar na escola?
- Se pudesse mudar algo no seu dia, o que seria?
- Alguém se meteu em confusão hoje na escola?
- Houve algo na escola que você não entendeu bem?
- Sobre o que era o livro que a professora leu hoje?

A proximidade física, falar e ouvir o outro, compartilhar experiências e emoções trazem sentimentos de pertencimento ao grupo familiar e à segurança emocional.

O sentimento de pertencimento ao grupo familiar tem ação preventiva e pode evitar que o jovem na adolescência se envolva em relações perigosas na ânsia de autoafirmação fora do lar, necessidade própria da idade.

Naturalmente, os pais cometem muitos enganos querendo acertar.

Quantas vezes os pais se precipitam tirando conclusões sobre a atitude dos filhos para logo depois constatarem que estavam enganados?

Não são poucas as vezes que julgamos erroneamente um conflito entre dois filhos, dando razão a quem não a tinha.

Pode ocorrer de se perder o controle, falar palavrões, dizer coisas que firam os sentimentos da criança ou lhe dar palmadas.

Falar coisas que não se consegue cumprir ou prometer presentes que não se pode comprar.

Ameaçar castigos impossíveis de manter, ou impor medos almejando disciplina.

Quem não disse ou ouviu de outros pais algo parecido com "Não quero saber quem está com a razão, os dois estão de castigo!", ou: "Você é o mais velho, então deixe seu irmãozinho fazer o que quiser!"?

Que atire a primeira pedra aquele que nunca se equivocou no processo educativo.

Errar faz parte, mas é preciso se reconhecer em erro. As faltas não assumidas por uma falsa ideia que fazemos de nós mesmos são sem dúvida as mais danosas. E aí se diz: "Eu perdi a paciência porque meu filho...".

Acompanho mulheres na terceira idade que sofrem por terem tomado atitudes equivocadas em relação aos seus filhos quando estes eram pequenos, e filhos adultos que carregam mágoas dos pais desde os tempos de infância.

Culpa e mágoa não combinam com assertividade.

Preste atenção em você. Não tenha medo de se pegar com raiva, de ser portador de sentimentos e atitudes que costuma recriminar em outros pais. O processo de reconhecimento das próprias sombras é desejável antes de qualquer mudança.

O processo de autopercepção pode ser mais ou menos assim: "Perdi a paciência porque não suporto ver meu filho me desafiando. Não suporto ver meu filho me desafiando porque me lembro de quando era pequeno e...", e assim por diante.

O autoconhecimento, inevitavelmente, impulsiona o processo de mudança pessoal, e, na próxima vez que se vir em situação semelhante, a tomada de consciência por si só já produzirá um efeito transformador.

128

Sempre é possível aprender após o erro.

Por exemplo:

Decidir levar a sério os estudos depois da nota baixa.

Perceber que é melhor dizer a verdade, após o constrangimento de ver descoberta uma mentira.

Fique esperto.

O sofrimento não será inútil se você aprender algo importante.

8

Tomado de inspiração, alguém escreveu: o abraço é o encontro de dois corações. Muitos conflitos podem ser minimizados por esse encontro sincero.

Diariamente, quando os pais chegam do trabalho, a primeira coisa que os filhos ouvem são reclamações por não terem guardado suas roupas, pela música muito alta, pelo material da escola estar espalhado, por isto e aquilo.

Bem mais produtivo é recebê-los mostrando seus sentimentos de bem-querer, antes de qualquer coisa.

O ambiente equilibrado e a afetividade precisam ser preservados mesmo em situações adversas, mesmo quando a disciplina for quebrada, o que não dispensará as correções necessárias.

Cumprimentar os filhos ao acordarmos, ao chegarmos em casa ou quando vamos buscá-los na escola é indispensável.

Ao deitar, o calor do abraço dissipará resistências de ambas as partes, que estarão mais próximas de um final feliz dos impasses diários.

Afinal, o querer bem dos pais para com os filhos independe do bom ou do mau procedimento destes: *a criança sentirá que seus pais a amam sem a instabilidade do "mereço ou não".*

214

Às vezes, não se sente amado por seus pais tanto quanto desejava?

Saiba que pessoas não demonstram quanto amam da mesma maneira.

Muitos adultos não ouviram "eu amo você" dos pais, não receberam beijos nem abraços carinhosos, e não sabem como fazer, mesmo desejando fazê-lo.

Se você tem vontade de abraçá-los, abrace. Lembre-se de demonstrar seu bem-querer.

Com o tempo seus pais podem aprender com você.

9

Do que conhecemos, o sentimento que mais se aproxima do "amor incondicional" é o amor de um pai ou de uma mãe pelos filhos.

A sabedoria das Leis Naturais oferece os meses gestacionais para os pais iniciarem a relação afetiva com seu filho (e vice-versa) antes de se conhecerem efetivamente.

Quando um filho está sendo gestado, não se sabe se será menino ou menina, se a sua identidade sexual corresponderá ao sexo biológico, qual o seu potencial intelectual, se nascerá saudável, se terá alguma necessidade especial ou alguma doença, ou se as desenvolverá nos anos seguintes, ou ainda se herdará os olhos da mãe ou do pai.

Não é possível precisar se aquela criança desenvolverá uma personalidade de difícil convívio; se conduzirá sua vida por caminhos obscuros que resultarão em trágicas consequências.

Quando os pais criam altas expectativas sobre os filhos, muitas vezes projetando neles os sonhos frustrados, os desqualificam como pessoa, impedindo-os de serem aquilo a que vieram, perdendo, assim, a oportunidade de se engrandecerem como pessoa. Ao se jogarem amorosamente nesta aventura de receber incondicionalmente os filhos, vendo-os como espíritos que chegam para as lutas evolutivas na Terra, sem a certeza de se estes corresponderão aos seus anseios, assumindo riscos e responsabilidades, lidando de forma positiva com possíveis limitações físicas e mentais, a dor ganha um significado que transcende os ganhos puramente materiais, que os enobrece, unindo a família e os espiritualizando.

É bom lembrar que as crianças, ao se lançarem na aventura de viver, também não têm garantia de se serão protegidas e amadas por seus pais.

Se nós, pais, fôssemos pessoas justas, honestas, de hábitos saudáveis, pacientes, coerentes, amáveis, cordiais, trabalhadores, responsáveis em nossas obrigações, gratos à vida, otimistas, perseverantes, assertivos, solidários, preocupados com o bem-estar do outro, se respeitássemos a natureza, soubéssemos ouvir antes de falar, fôssemos bem-humorados, bem-dispostos, equilibrados emocionalmente, não teríamos um décimo das dificuldades que temos com a educação dos nossos filhos.

Sem muito esforço, teríamos grandes chances de sucesso no processo educacional de nossos filhos.

Certamente, nos falta autoridade moral, que não se impõe, mas conquista-se pela vida reta, pela renúncia aos vícios morais e até as futilidades.

[...] Não adianta abster-se do mal, é preciso fazer todo o bem possível. E nessa atitude ativa, para a conquista de uma personalidade integrada no bem, é preciso também abdicar das inutilidades, que dispersam o Espírito do seu objetivo superior. Quem vive devotado a mil futilidades, em busca constante de diversões – mesmo que, na aparência, inocentes – ainda não atingiu o ideal de serenidade espiritual, que deve estar ligada à função educativa. [...] Pais, compenetrados de sua missão, sentem muito mais prazer em estar com os filhos em diversões saudáveis e familiares, do que manterem uma vida noturna agitada, votada às sensações mais materiais, onde surgem, aliás, todas as oportunidades de mais graves quedas morais[1].

Estamos todos, pais, mães e filhos, matriculados na grande escola da vida que é a Terra porque precisamos desenvolver várias competências emocionais, éticas e o desprendimento de nós mesmos.

A família é um laboratório riquíssimo de autoconhecimento, por causa da intimidade das relações, que nos permite a catarse de nós mesmos sem os filtros sociais. Somos mais autênticos, e não conseguimos disfarçar, de nós mesmos, quem realmente somos em nossos aspectos mais sombrios.

Ser pai e mãe é um curso de especialização para o autoaperfeiçoamento. Somos constantemente testados a

---

1 Incontri, Dora. *A Educação segundo o Espiritismo*. Bragança Paulista: Comenius, 2003.

rever padrões de pensamentos e a sair de nossa zona de conforto para aprender algo novo.

São oportunidades que, bem aproveitadas, fazem-nos crescer com nossos filhos!

11

É bom receber elogios, não é? Para o adulto é gratificante ser elogiado no trabalho, pelo cônjuge, pela professora do filho em nosso papel de pais; para a criança, o elogio tem a propriedade de "nortear" sua personalidade.

A criança que faz alguma coisa errada é repreendida, chamam-lhe a atenção para que ela não erre de novo. É assim que geralmente ela percebe o que não deve ser feito.

Quando é elogiada, recebe diretriz do que pode continuar fazendo com segurança. *O elogio incentiva a criança a continuar por um caminho pelo qual ela já deu alguns passos.* É um caminho conhecido e seguro. Os sucessivos elogios são faróis que vão iluminando seu trajeto.

O apontamento do erro, críticas e exigências em excesso geram sentimentos de incompetência e consequente medo de errar, que podem deixar a criança insegura para tomar decisões e iniciativas, ou levá-la a mentir para não decepcionar os pais, professores... Esse estado de crítica prejudica a criatividade, o resultado escolar, impedindo-a de ousar, experimentar, emitir opiniões e ser com espontaneidade.

Pelo tom de voz do adulto, a expressão do seu rosto, postura e movimentos, a criança se percebe inadequada ou não em relação ao que vinha fazendo, ou mesmo motivada a continuar.

Infelizmente, na maioria das vezes, é dada mais ênfase ao erro do que ao acerto. A criança fica com a sensação de que só faz coisas erradas e sente-se sem rumo quando falta a sinalização do elogio para lhe mostrar uma direção segura.

A ninguém ocorre dizer que a criança está andando errado ao engatinhar, pois entendemos que engatinhar faz parte do aprendizado. Esse mesmo entendimento se aplica a quase tudo nos primeiros anos, pois ela está aprendendo tudo a toda hora. Está aprendendo a desenhar, a comer sozinha, a falar, a ler, escrever, se relacionar com o outro, e muito mais.

Portanto, na maioria das vezes, a criança não está errando, e sim aprendendo. Essa mudança na maneira de ver o processo de desenvolvimento pode fazer uma grande diferença, tornando-nos mais pacientes e compreensivos.

Outra variável sobre o mesmo tema é o uso do "sim". Use o "sim" com mais frequência, e isso nada tem a ver com permissividade, mas com autonomia.

Permita ao seu filho explorar o mundo, testar suas habilidades e experimentar mais. Porém, acostume-o a pedir permissão para as suas aventuras; isso lhe concederá mais autoridade no papel de educador, além de controle de segurança. Mas só dará certo se você não censurar todas as ideias geniais da criança, como:

• Posso misturar suco com gelatina para beber?
• Posso sair na chuva e escorregar na lama?
• Posso fazer coleção de insetos mortos?

37

Antes de criticar um amigo, procure observar suas qualidades.

Verá que ele possui mais qualidades que defeitos.

Tratar o outro da mesma maneira que gostaríamos de ser tratados é a atitude mais acertada.

Sabe com que idade a criança pode começar a contribuir nas tarefas de casa?

Bem mais cedo do que podemos imaginar.

Com pouco mais de um ano, a criança tem capacidade motora suficiente para realizar movimentos que permitem uma série de atividades.

Deixe-a ajudá-lo a aguar as plantas no jardim com um pequeno regador, juntar os brinquedos espalhados após as brincadeiras e colocá-los um a um em um baú.

Poderá guardar sua chupeta e brinquedo favorito em um lugar específico. E, ao solicitar a chupeta, pode-se perguntar a ela: "Onde a guardamos? Vamos ver se está lá?", aprendendo aos pouquinhos, assim, a utilidade prática de tal medida.

Desse modo, a criança é iniciada gradual e naturalmente nas rotinas da casa, de acordo com sua compreensão e capacidade.

Fica para os pais o uso da criatividade para transformar essas "tarefinhas" em divertidas brincadeiras.[1]

---

1 Tarefas caseiras nas várias faixas etárias, tratadas nos seguintes capítulos: 16, 22, 28, 36 e 48 desta obra.

13

O cérebro humano está propenso a priorizar experiências negativas, com o objetivo de evitá-las no futuro, necessidade possivelmente criada em épocas remotas nas quais a sobrevivência era sua única preocupação.

Com a ascensão das relações humanas, cada vez mais complexas, o instinto foi sendo substituído pelo crescente desenvolvimento da razão, porém o sistema límbico continua fixado nos fatos mais desagradáveis. Já nascemos reclamando, não é verdade?

A busca pela educação dos sentimentos é uma preocupação contemporânea.

Cada vez mais, pesquisadores têm se dedicado ao estudo e à busca de meios que garantam uma vida mais feliz, voltada para a solução de problemas sob uma perspectiva mais positiva.

Em adultos, esse trabalho é mais difícil, pois será necessária a reconstrução de hábitos já consolidados por décadas, desapegos a crenças limitantes, para descortinar novas oportunidades para além dos obstáculos. Estamos falando da reconstrução de caminhos cognitivos que foram solidamente traçados.

Por que não educarmos nossos filhos para esta forma mais positiva de se movimentarem pela vida?

Como fazer isso, se nós, pais, não aprendemos a fazê-lo?

Uma técnica de educação emocional muito simples, criada pela escritora e especialista em inteligência emocional Elsa Punset, para ser praticada em família, é o "pote da felicidade". Essa técnica serve para todos os familiares educarem seu olhar para as coisas boas e positivas.

Consiste em um pote transparente e bloquinhos de papéis coloridos, uma cor para cada membro da família, em que diariamente cada membro deverá registrar algo positivo ocorrido ao longo daquele dia. Se a criança não souber escrever, poderá desenhar.

O pote deverá ser aberto para a leitura das anotações conforme combinado previamente, podendo ser esta semanal.

Para melhor resultado, deve ser mantida ininterruptamente por um período de seis meses, pois esse parece ser o tempo necessário para o processamento cerebral de uma nova habilidade – neste caso, apoderar-se de um mecanismo automático de voltar a atenção para as coisas boas, felizes, agradáveis, inspiradoras, harmônicas, simples e belas.

Que coisas seriam essas, para serem colocadas no pote da felicidade? Absolutamente qualquer coisa que traga uma sensação boa, e que normalmente deixamos passar sem lhe dar o merecido valor. Pode ser um copo d'água fresco que matou a sua sede, um sorriso ou abraço recebido, um filme inspirador, um elogio recebido, um banho quente, a flor nova que abriu no jardim, um passeio no parque, a atitude de alguém que o surpreendeu positivamente...

Essa habilidade funciona como lentes coloridas que colocamos diante dos olhos, acionando em nós e em nossas crianças as melhores disposições internas para ver o mundo.

201

O sentimento de gratidão tem força de ímã para atrair lembranças boas.

Ser grato é poderosa ferramenta na construção da vida feliz.

Todos os dias eleja três novas coisas para agradecer.

Em breve a gratidão se tornará hábito.

Comece agradecendo a Deus pela oportunidade da vida.

14

Ao longo da história, o homem sempre teve mais espaço nas posições de poder do que a mulher. Esta, da submissão absoluta, conquistou o direito de administrar o lar e cuidar da educação dos filhos, o que ao longo do tempo passou a ser seu "dever".

A evolução do pensamento humano prossegue trazendo profundas mudanças nos costumes. A mulher saiu em busca de novas conquistas em um mundo que era considerado exclusivamente masculino.

Desde algumas décadas atrás, tem sido a vez de os homens trilharem um novo caminho, adaptando-se às novas demandas da modernidade.

Cada vez mais, o homem se envolve em atividades que outrora eram quase exclusivas das mulheres. No desempenho do papel paterno, vemo-lo levar o filho à escola, participar de reuniões pedagógicas, levar os filhos ao parque no final de semana, acompanhá-los em festas de aniversário, trocar fraldas, preparar-lhes o alimento, dar-lhes banho, levá-los ao pediatra, além de outras tarefas executadas com natural responsabilidade.

Cada vez mais são valorizados na sociedade e na mídia o orgulho masculino em ser pai e o desejo genuíno de acompanhar de perto o desenvolvimento dos filhos.

Infelizmente, ainda são poucos os filhos que têm essa enriquecedora experiência de ver os pais compartilhando tarefas dentro e fora de casa.

Pelo exemplo genuíno dos pais, meninos e meninas se iniciam em atividades domésticas e sociais sem restrições, e consequentemente aprendem seus deveres e a pleitearem seus direitos.

Aos pais da vanguarda, meus parabéns! Àqueles que ainda não se sentem confortáveis com essa postura democrática e justa de viver, vale a pena rever conceitos.

Novos tempos exigem mudanças!

15

É generalizada a inaptidão para dizer o que desejamos; ao invés disso, deixamos subentendido o que não queremos.

Quando queremos lembrar algo, dizemos: "Não posso esquecer".

Quando o assunto é educar, ouvimos com frequência: "Não corra, você pode cair!".

Você há de concordar comigo que "Coma tudo!" é mais instrutivo que "Não deixe comida no prato!".

Além do mais, aquilo que é verbalizado é o que acreditamos que irá acontecer. Ou seja, transmitimos a ideia de que há mais possibilidade de a criança deixar comida no prato do que comer tudo.

Os neurolinguistas[1] estão convencidos de que o cérebro interpreta as mensagens de maneira simplista, memorizando e exaltando o verbo, e desqualificando a ideia geral da frase.

Eliminando o "não", ficamos com a ação: caia, brigue, deixe a comida, chore, faça birra, morda seu irmão e outros comportamentos indesejados.

É muito mais do que um jogo de palavras. Considerando que a criança pequena está o tempo todo experimentando e se colocando em situações variadas que interpretamos como indesejáveis, ela está exposta a um bombardeio de "nãos".

O "não" por si só é limitador; causa frustração e irritabilidade.

Muitos destes "nãos" ditos à criança poderiam ser substituídos pela comunicação do comportamento esperado.

Muitas vezes os pais sabem quais comportamentos são inadequados, mas não têm clareza das atitudes desejadas. Atentam para corrigir o que consideram errado e não fazem considerações quando os filhos vão no sentido certo.

A metodologia construtiva de comunicação tem efeito psicológico mais saudável, pois desenvolve a confiança e evita sentimento de inadequação.

Além do mais, muitos "nãos" perdem o efeito inibidor do comportamento e acabam fazendo parte da "paisagem". Deixe os "nãos" para coisas essenciais, assim serão mais eficazes.

---

1 Neurolinguística é a disciplina que analisa os procedimentos do cérebro humano para alcançar o entendimento, o conhecimento e a aquisição da linguagem falada e escrita.

16

De acordo com a idade, as crianças podem e devem ser envolvidas em pequenas tarefas caseiras.[1]

No que crianças de dois a três anos são capazes de ajudar em casa?

Se a criança, anteriormente, jogava todos os brinquedos dentro do baú, agora isso já pode ser aprimorado. Com o acompanhamento do adulto, poderá arrumar as peças em caixas ou potes, selecionar os brinquedos por categorias para serem guardados de forma mais organizada.

As crianças nessa faixa etária não participam da arrumação por entendimento de sua necessidade prática,

---

[1] Tarefas caseiras nas várias faixas etárias, tratadas nos seguintes capítulos: 12, 22, 28, 36 e 48 desta obra.

estética ou por um senso de higiene. Participam porque é divertido e por saberem que isso agrada os pais.

A criança nessa idade fará tudo com grande satisfação e prazer, pois está explorando suas novas possibilidades de interagir com as pessoas e o meio.

Adora imitar os pais, o que nem sempre é possível e permitido. Mas tem coisas que elas podem fazer, por exemplo: ajudar a levar sua roupa suja para a lavanderia e colocá-la no cesto ou na máquina de lavar, tirar o pó acompanhando um adulto (vestindo a mãozinha em uma meia), e ajudar a alimentar os animais domésticos.

Se na hora da refeição ela derrubou o suco, pode ajudar a secar o que ficou molhado e ajudar a limpar a comida espalhada. Tudo feito com a supervisão do adulto, o que com certeza exige muita paciência e retrabalho. Naturalmente, é muito mais fácil o adulto limpar sozinho.

A criança aprende brincando a cuidar das suas coisas e a participar das atividades do dia a dia da casa, que dizem respeito a todos da família.

17

Uma ideologia abrange um sistema de ideias e pensamentos, de doutrina ou visão de mundo. Atende aos interesses de um grupo social especial, e não precisa ser necessariamente verdadeira.

A proposta da "ideologia de gênero" nada tem a ver com a sensata ideia de educar meninos e meninas para as mesmas responsabilidades e direitos domésticos, familiares, profissionais e sociais, assim como para o respeito às diferenças e particularidades pessoais de todos os seres humanos.

Meninos e meninas devem ser educados com igualdade de direitos e igualdade de oportunidades para expressar suas potencialidades, inatas e aprendidas, tendo em mente que o equilíbrio das forças[1] complementares é saudável e faz parte da conexão ego/self.

A "ideologia de gênero" parece ignorar as particularidades psicológicas que acompanham o sexo biológico, atribuindo-as exclusivamente ao resultado da construção cultural.

Prega-se a educação de gênero "libertadora", em que as crianças são educadas para construírem a própria identidade como meninos, meninas ou quaisquer variações que transpassem essas limitações, como se fossem "tábula rasa".

Para não oprimir uma minoria que pode estar em conflito com sua identidade de gênero, desconstrói-se o que está naturalmente em construção.

E aí surgem práticas mirabolantes, na tentativa de eliminar certos comportamentos associados culturalmente ao sexo. Por exemplo: a proposta de se colocar nas crianças nomes que não induzam um sexo específico; nas escolas, sugere-se o uso de banheiros únicos; retirar o artigo "a" e "o", assim como os pronomes "seu, sua, dele, dela...", para não induzi-las a se comportar como meninos ou meninas. Pelo mesmo motivo, vesti-los com roupas unissex até que possam escolhê-las por si, e assim vai...

Acompanhem de perto o que está sendo passado ao seu filho na escola. Procure saber pessoalmente qual o posicionamento da escola, assim como dos professores, individualmente. A escola frequentada pelo seu filho deve estar alinhada aos princípios e valores de sua família.

---

1 *Anima* e *animus*.

58 – EDUCANDO COM SABEDORIA ESPÍRITA

As reuniões de pais e palestras pedagógicas são boas oportunidades para avaliar a ideologia da instituição na qual seu filho recebe instrução.

No meu entendimento, a escola e o Estado estão desviando a atenção das áreas que lhes são pertinentes ao estimular precocemente a sexualidade das crianças.

Precisamos caminhar lado a lado com a criança e não nos antecipar, alterando-lhes a rota.

A maioria das crianças não apresenta conflito em sua identidade de gênero. Mostram-se bem integradas e satisfeitas consigo mesmas como meninos ou meninas.

Alguns pais, preocupados em serem politicamente corretos, entregam-se a atitudes insensatas, não se dando conta disto.

Assisti a uma reportagem em que uma atriz feminista mostrava-se preocupadíssima porque a filha de três anos só brincava com panelinhas e bonecas, e rejeitava todos os carrinhos e blocos de montar. Como se isso fosse um problema.

Cuidado para que, na tentativa de corrigir uma educação machista de décadas, você não caia em outro erro, desprezando o perfil doméstico e maternal.

É desejável não massificar nem uniformizar a educação das crianças separando o que é apropriado para meninos e o que é apropriado para meninas, porém, não tem como ignorar as tendências e preferências que trazem ao nascer, que podem ou não estar em conformidade com o que é culturalmente esperado.

A complexidade das ciências psicológicas está em entender quanto do comportamento da criança é intrínseco à sua personalidade e quanto foi construído socialmente.

Não podemos negar a natureza inata que torna meninos e meninas diferentes entre si, assim como há muitas diferenças entre os próprios meninos, e entre as próprias meninas.

174

Meninos e meninas têm aspectos psicológicos diferentes entre si.

"Ser diferente" não torna um melhor do que o outro.

Meninos e meninas têm os mesmos direitos e deveres.

Conviva mais entre amigas e amigos, e verá que um tem muito a aprender com o outro.

É comum ouvir dos pais que eles travam batalhas homéricas com os filhos na hora de colocá-los na cama.

Os maus hábitos estabelecidos podem ter várias causas, algumas originadas no primeiro ano de vida da criança.

O comportamento opositor na hora de ir para a cama pode ser amenizado quando esse for um momento bom e esperado, assim como toda a rotina que antecede o dormir, como: tomar banho, colocar o pijama e escovar os dentes.

O estabelecimento de um ritual para a hora de dormir, que exige constância, é importante para a criança ir desacelerando a sua atividade física e mental, pois, passo a passo, ela vai se preparando para a fase final, que é dormir. As crianças têm necessidade de saber o que vem a seguir, isso as deixa mais calmas e seguras.

O contrário é recíproco: a criança fica mais agitada em ambiente doméstico imprevisível, ditado pela agenda irregular dos pais.

Cabem aos pais as mudanças de hábito, que resultarão em muitos ganhos, diretos e indiretos.

Alguns especialistas sugerem a construção de um cartaz com desenhos ilustrativos das rotinas que antecedem o dormir, servindo de orientação à criança.

O momento de ir para a cama deve ser aguardado como "momento especial" do dia, de intimidade e afetividade, preferencialmente por um dos pais.

Há pais que cantam para os filhos quando os colocam para dormir; outros contam histórias ou leem a cada noite um novo capítulo de um livro. Eu inventava histórias para a minha caçula, que noite após noite ganhavam um capítulo novo.

O que as crianças mais querem é estar com os pais, e é justamente isso que as faz ficarem acordadas até tarde. Faça dessa ocasião um momento desejado e apreciado por todos.

20

Muitos pais recorrem à "palmadinha" para a disciplina dos filhos pequenos e passam à "surra" quando estes ficam maiores.

Evito dizer aos pais o que devem ou não fazer, e sim levá-los a refletir sobre algumas práticas educativas. Porém, quanto a esse assunto sou categórica: nunca bata no seu filho!

Essa prática tem passado de geração a geração. Filhos de pais que apanharam na infância têm grande chance de reproduzir a mesma atitude com os seus.

Ouço dos pais inúmeros argumentos para validar essa atitude, porém, as consequências negativas não justificam o aparente benefício imediato. Eles apoiam a atitude de seus pais, acreditando que, se não fosse assim, não seriam pessoas boas, ou então acham que todas as vezes que apanharam na infância foi por terem merecido. Mas concordam comigo que chegariam ao mesmo entendimento se seus pais tivessem o hábito de conversar e explicar o porquê das coisas.

Gritos, punições e autoritarismo podem gerar revolta ou medo, incitar comportamentos desafiadores ou o acúmulo de mágoas.

A autoridade dos pais é genuína, não precisam usar esse recurso para mostrar que "aqui quem manda sou eu" ou "eu sei o que você deve fazer". A autoridade moral, conquistada pelo devotamento à família e sinceridade de boas intenções, é percebida pelos filhos.

Ouço pais dizerem: "Só bato em último caso, quando perco a paciência!" – portanto, nunca foi medida educativa consciente.

Nunca ouvi: "Respiro fundo e digo calmamente: agora você vai apanhar porque é o melhor para você!".

Quando os pais gritam, falam impropérios ou batem no filho, geralmente não sabem por que o fazem, pois a motivação é inconsciente. O que explica a falta de autocontrole e elicia comportamentos compensatórios motivados pela culpa.

A criança que apanha em casa tem grande chance de reproduzir o comportamento aprendido com os pais com seus irmãos e colegas.

Podemos ensinar aos nossos filhos diferentes estratégias, por meio de nosso exemplo, muito mais eficientes para serem usadas em situações de conflito.

Precisamos praticar a cultura da paz para que um dia nossos netos e bisnetos possam ter um mundo melhor para viver.

116

Não reaja diante das provocações de seus colegas ou de seus irmãos.

Reação, geralmente, gera mais reação.

Faça diferente!

Pare, respire fundo e pense...

Certamente encontrará solução pacífica para o problema.

21

Não podemos educar as crianças como se todas estivessem em conflito com sua identidade de gênero, sem com isso criar novos problemas.

Geralmente, com dois ou três anos a criança já se identifica como menino ou menina. Respeitemos o curso natural do desenvolvimento da sua sexualidade. Educar as crianças como se fossem insexuados é um desvio da ordem natural do desenvolvimento biológico.

Quando, porém, a família percebe a dificuldade da criança em se adaptar ao sexo nato, não pode se omitir. Essa criança tem que ser acolhida e auxiliada no processo de descoberta e adaptação da sua sexualidade, e o papel da família é fundamental.

Há crianças diagnosticadas como transexuais, que recebem tratamento hormonal e têm seus nomes alterados judicialmente, antes mesmo de entrarem na puberdade.

É preciso muita cautela para não haver precipitação, evitando-se o risco de a criança ou jovem voltar atrás nessa tomada de decisão, o que certamente seria mais doloroso para todos.

Os pais podem oferecer estratégias mais seguras à criança em conflito com sua identidade sem expô-la desnecessariamente. Por exemplo: oferecendo-lhe mais liberdade de expressão na intimidade do ambiente familiar e escuta de seus sentimentos.

A orientação de um profissional para os pais e/ou acompanhamento psicoterapêutico para a criança devem ser cogitados.

Educadores e pesquisadores do desenvolvimento infantil são unânimes sobre a importância de a criança assumir tarefas e deveres domésticos desde tenra idade, de acordo com sua maturidade física e mental.[1]

A criança ganha gradativamente mais autonomia, desenvolve-se física e mentalmente, portanto pode e deve assumir gradativamente tarefas de maior complexidade. Sentindo-se útil ao participar das tarefas da casa, desenvolve o senso de responsabilidade e fortalece o sentimento de pertencimento e integração à família, dessa forma corroborando para melhor conceito sobre si.

---

1 Tarefas caseiras nas várias faixas etárias, tratadas nos seguintes capítulos: 12, 16, 28, 36 e 48 desta obra.

Por volta de quatro a cinco anos a criança já é capaz de fazer sozinha algumas tarefas que antes eram acompanhadas e supervisionadas por adultos.

Estão disponíveis na internet listas de atividades direcionadas a faixas específicas de idade, das quais selecionei as que julguei serem mais apropriadas, tais como: levar a roupa suja para a lavanderia, arrumar seus brinquedos e livros, guardar a mochila da escola, sapatos e chinelos.

A criança deve aprender também a apagar a luz sempre que for o última a sair de um cômodo e a jogar o lixo na lixeira.

Nessa idade, elas estão ávidas por aprender a fazer coisas novas e adoram ajudar na cozinha, para poder dizer depois: "Eu fiz o bolo"; "Eu lavei a louça".

Há tarefas que elas, ainda, não podem fazer sozinhas, mas podem ajudar a realizar: guardar a roupa limpa no armário, arrumar a cama, pôr e tirar a mesa nas refeições, guardar as compras do supermercado, tirar o pó dos móveis, guardar algumas louças no armário, e auxiliar no preparo das refeições.

Crianças que crescem contribuindo com as tarefas caseiras aprendem a importância do trabalho e a respeitar as pessoas que estão trabalhando: o porteiro do prédio, a babá, o jardineiro, o sorveteiro do parque...

Tudo é uma questão de costume. Para a criança que cresce vendo os adultos fazerem tudo por ela, é natural não arrumar sua cama nem guardar suas roupas, tanto quanto é natural para a criança iniciada nessas atividades levar o prato até a pia após as refeições.

23

    Momento precioso junto aos filhos pequenos, do qual os pais não devem abrir mão, é a hora de colocá-los na cama. O clássico momento de ler ou contar-lhes uma história antes de dormir.

    Em uma variação interessante desse momento, pais e filhos podem contar um para o outro a sua "história do dia", inspirada nas atividades daquele dia, e elegerem qual foi a melhor parte do dia de cada um.

    É uma maneira lúdica, amorosa e reflexiva que permite aos pais acompanharem as emoções e os sentimentos de seus filhos. Afetuosamente, permite também que a criança avalie seu dia e vá estruturando alguns conceitos de acordo com sua vivência.

É desejável que o relato da criança seja leve e livre, sem o direcionamento do adulto. Normalmente, a espontaneidade e a inocência da criança direcionam o tom da atividade.

A criança poderá eleger como melhor parte do dia uma brincadeira nova ou algo que aprendeu na aula.

Embora não seja o propósito, a criança pode comentar um assunto delicado, por exemplo: ter sofrido *bullying* na escola, ou ter ido mal em alguma prova. Se for assim, tranquilize-a de que tudo ficará bem; dê a ela um direcionamento positivo, assegurando que retomará a conversa sobre o assunto no dia seguinte.

Se a criança comentar sobre uma má conduta pessoal, cuidado, pois este não é o momento para sermões. Deixe para retomar o assunto no dia seguinte.

Encerre a conversação com a escolha do melhor momento do dia, pois isso permitirá a conexão por associação com outras coisas agradáveis que relaxam e reforçam padrões construtivos de pensamento, mobilizando energias capazes de garantir um sono tranquilo e restaurador.

24

É da natureza humana a busca de um sentido transcendente para a vida. *A espiritualização é bem precioso que os pais devem oferecer na educação dos seus filhos.*

Em vários momentos desta obra abordarei o tema, por isso, acho importante esclarecer o leitor acerca de materialismo, espiritualidade, ciência e religião.

> "Infelizmente costuma-se associar religião com espiritualidade e materialismo com ciência, e separá-los de tal maneira que, quando a ciência se ocupa de um tema espiritual, é visto com desconfiança, como se não tivesse seriedade, e, quando o contrário

ocorre, a religião apodera-se dos saberes da ciência, é criticada por falta de fé.

A Ciência e a Religião são duas áreas do conhecimento humano: uma revela as leis do mundo material e a outra, as do mundo moral/espiritual. Tendo, no entanto, essas leis o mesmo princípio, que é "Deus",[1] não podem contradizer-se. [...] A incompatibilidade que se julgou existir entre essas duas ordens de ideias provém apenas de uma observação defeituosa, de excesso de exclusivismo de um lado e de outro.

Há de chegar o dia em que a ciência reconhecerá a realidade espiritual como a outra face da vida, porque estará de acordo com a razão e a lógica. Ciência e religião caminharão lado a lado, legitimando a verdade em seus olhares diferentes, e a humanidade se conectará com Deus através da razão.[2]

Ao desenvolver a espiritualidade em nossas crianças, as instrumentalizamos com recursos de imensurável valor, capazes de preencher o vazio existencial no qual grande parte da humanidade se perde.

Quando nos colocamos no centro de tudo, com a limitação materialista do existir, mais facilmente incorporamos o papel de vítima, e viver pode ficar insuportável.

A excelência dessa terapêutica está em oferecer à criança e ao jovem a oportunidade de se perceber como parte ativa de um projeto grandioso, que se estende ao infinito no tempo e no espaço.

Considerando que tudo tem uma governança superior, justa e boa; que encontramo-nos na Terra, no lugar,

---

1 Unidade cósmica. (Nota minha.)
2 Allan Kardec. O Evangelho segundo o Espiritismo. São Paulo: LAKE, 2007.

no momento e com as pessoas certos, necessários ao nosso crescimento espiritual, ganhamos força, resignação e resiliência para enfrentar as dificuldades inevitáveis da vida.

171

Deus criou as leis naturais que regem o universo.

Uma delas é a lei do progresso.

Toda humanidade marcha para o progresso moral e intelectual.

À medida que isto acontece o mundo fica melhor para viver.

Pessoas melhores, mundo melhor.

25

A crença na transcendência é visceral, está no âmago do ser.

Muitas famílias querem trazer Deus para a vida dos filhos e não sabem como, por não terem recebido essa vivência.

É o caso de uma mãe que, na tentativa de confortar o filho de quatro anos que havia acordado assustado após um pesadelo, aconselhou-o a rezar para o Papai Noel, pedindo-lhe proteção.

Viralizou nas redes sociais uma criança portadora de leucemia agradecendo ao Papai Noel de um shopping o presente recebido: um doador compatível de medula.

Esses pedidos poderiam ter sido dirigidos ao Papai do Céu.

Assim como providenciamos as condições necessárias para o desenvolvimento motor, cognitivo, emocional, ético e criativo das nossas crianças, é fundamental o desenvolvimento da sua espiritualidade.

A melhor maneira para introduzir o conceito de Deus na vida de nossos filhos é por meio da prece.

Ela pode ser feita antes de se pôr a criança para dormir, dirigindo-se ao Papai do Céu, ou a Jesus, nosso irmão maior; ou ainda ao Anjo da Guarda, que é nosso espírito protetor.

É consolador e terapêutico o sentimento de proteção e segurança que a criança tem ao saber que possui um amigo espiritual, designado por Deus, sempre ao seu lado: o Anjo Guardião.

Ensinar a criança a se acalmar quando estiver com medo após um sonho ruim, pedindo proteção ao seu Anjo da Guarda, é algo valoroso.

Faça a prece toda noite com seus filhos pequenos. Existem algumas já prontas curtas e rimadas, próprias para crianças, que devem sempre ser complementadas com falas espontâneas ditadas pelo coração, para não se correr o risco de a prece ficar mecânica e automatizada. Lembro-me destas:

Anjo da guarda.
Meu amiguinho.
Leve-me sempre.
Pelo bom caminho!

Santo anjo do Senhor.
Meu zeloso guardador.

Se a ti me confiou
A piedade divina
Sempre me guarde,
me governe e me ilumine.
Amém.

A prece pode ser feita antes de dormir, ao acordar, antes das refeições, em agradecimento e gratidão pelo alimento à mesa. Pode ser feita em intenção a uma pessoa querida que está doente ou a nós mesmos diante de uma necessidade. Também diante de uma paisagem, de um jardim, de uma borboleta, louvando o Criador do Universo pela beleza do planeta que nos foi dado de presente para vivermos e cuidarmos.

São conceitos simples, que cabem no coraçãozinho e no entendimento das crianças menores.

3

Você nunca está sozinho.

Deus escolheu um "anjo" para protegê-lo e aconselhá-lo.

Faça silêncio desejando ouvi-lo.

Abra seu coração e será inspirado com ideias felizes.

26

A vida de um casal nem sempre é um mar de rosas, porém, os filhos devem ser poupados de suas discussões e agressões verbais.

É angustiante para os filhos presenciar desentendimentos entre os pais, principalmente se forem frequentes. O medo de que haja agressão física, a insegurança gerada pela possibilidade da separação, a culpa em tomar partido do pai ou da mãe causam grande sofrimento.

A estrutura do pensamento da criança não segue a mesma lógica de raciocínio do adulto.

Nos primeiros anos de vida, ela se percebe como o centro de tudo. Seguindo essa lógica, se os pais brigam, é bem provável que ela associe a briga com algo que tenha feito, ou com algum pensamento dirigido contra os pais. Se um dos pais sai de casa esbravejando, ela pode pensar que foi porque ela preferiu o colo de um ao do outro, e assim por diante.

A criança com dificuldade para lidar com situações de conflito no lar pode apresentar alteração de comportamento, como: rendimento escolar comprometido, comportamento agressivo ou acuado, dificuldade para dormir ou sono agitado, dormir muito, roer as unhas, mudança no apetite, atitudes regressivas, enurese noturna, falta de atenção, tristeza ou rebeldia, e outros.

A tempestade do momento passa para o casal, que volta a se entender, mas não é tão simples assim para a criança, que vive em meio a esse maremoto e pega para si responsabilidades.

Se não conseguir evitar a discussão, volte-se para seu filho e veja do que ele precisa para se sentir mais seguro.

Dê oportunidade para que ele desabafe seus medos. Pergunte, por exemplo: "Você fica assustado quando brigamos, pensa coisas ruins?". Crie um espaço seguro para a criança se expressar.

Dê-lhe a segurança de que precisa. Diga, por exemplo: "Nós a amamos, e nossa discussão não tem nada a ver com você".

É imperioso não incluir a criança nos conflitos do casal. De assuntos que dizem respeito ao relacionamento íntimo do casal, os filhos não precisam saber. É necessário preservar as relações paternas e maternas, assim os filhos não perdem a força que vem de seus pais, o que lhes dá estabilidade e proteção.

Saber mais do que o necessário os leva a tomar partido por um ou outro, o que pode gerar culpa e ressentimentos, enfraquecendo o campo de energia que forma o sistema familiar.

Se o casal não consegue resolver seus problemas de relacionamento sozinho, deve procurar a ajuda de um psicólogo, de um amigo do casal ou de um líder religioso.

Os pais têm o dever de fazer todo o esforço possível para ter dentro de casa um ambiente de paz e equilíbrio, onde os filhos possam crescer saudavelmente.

195

Muitas crianças e jovens não vivem bem com suas famílias, sejam elas formadas por laços biológicos ou pela adoção.

Infelizmente há jovens e crianças em abrigos, longe dos familiares.

A revolta não melhora a situação, nem o fará se sentir melhor.

Onde estiver, procure se adaptar, e construa um futuro melhor para a sua vida.

27

Ser pai ou mãe de menino é diferente de ser pai ou mãe de menina? Deve-se educar diferente? Por quê?

Ter um filho do sexo masculino ou feminino, antes mesmo do nascimento, costuma ser decisivo para algumas escolhas dos pais: o nome, a cor do enxoval, a compra de brinquedos, a temática da decoração do quarto e outros coisas mais.

Conheci um jovem "pai grávido" que anelava ser pai de menina, pois tinha vontade de abraçar, beijar e dar muito carinho, sem se dar conta de que poderia fazer a mesma coisa sendo pai de menino.

Meninos são desestimulados a fazerem "coisas de meninas", principalmente porque "as coisas" que meninas fazem são menos valorizadas socialmente e não servem para meninos.

Meninos também choram, sentem dor, emocionam-se, podem ser caprichosos, estudiosos, gentis, gostar de escrever e desenhar, ser carinhosos e gostar de receber carinho, brincar de ser pai, gostar de cozinhar, brincar de casinha e de ser professor, assim como podem ser aventureiros, competitivos, brincar de dirigir carros e foguetes, brincar de policial e bombeiro, jogar bola, construir e inventar coisas.

O estereótipo acerca do que é característica própria de meninos, do que se espera deles, do que devem ou não fazer ou sentir, impede que desenvolvam outras áreas de interesse e estimulem a face *anima* de sua personalidade, que nada interfere em sua orientação sexual.

Meninos e meninas só têm a ganhar quando entram no universo antes severamente reservado a um ou a outro, favorecendo o equilíbrio entre anima *e* animus.

Um mundo melhor para se viver é um mundo de igualdade de direitos e deveres entre as pessoas, respeitando-as em suas individualidades. Isso só será possível quando educarmos nossas crianças para serem felizes.

Simples assim!

222

Quando nascemos recebemos o nome de acordo com o sexo, masculino ou feminino.

Alguns comportamentos também costumam ser associados a um dos sexos, por exemplo: meninos gostarem de jogos competitivos e serem mais aventureiros, meninas gostarem de brincadeiras calmas e serem mais caseiras.

Mera convenção, não há nada de errado em menina jogar futebol e menino brincar de escolinha.

Meninos e meninas devem crescer para serem homens e mulheres felizes.

28

Ajudar em casa não é trabalho infantil!

São atividades de socialização e transmissão de conhecimentos. Auxiliam no desenvolvimento dos sentimentos de solidariedade e responsabilidade, que contribuirão para o fortalecimento do caráter da criança.[1]

São atividades que não comprometem o direito de brincar, estudar e descansar. O grau de dificuldade, risco e responsabilidade deve ser compatível com a maturidade da criança.

Conforme ela vai crescendo, é importante que passe a se responsabilizar de forma contínua, e não esporadicamente, pelo cuidado de seus pertences pessoais,

---

[1] Tarefas caseiras nas várias faixas etárias, tratadas nos capítulos: 12, 16, 22, 36 e 48 desta obra.

guardando suas roupas, sapatos, brinquedos, livros, mesmo que com o acompanhamento de um adulto.

Com o acúmulo das atividades aprendidas, *a criança de seis a oito anos* possui vasto repertório de habilidades, que lhe garante autonomia nos cuidados pessoais e nas rotinas da casa.

O que antes fazia com a ajuda de um adulto, agora consegue fazer por si mesma, como: arrumar sua cama, guardar a roupa limpa e passada, pôr e tirar a mesa das refeições, tirar o pó de um móvel, alimentar animais. Algumas atividades podem ser divididas entre os irmãos: hoje um põe a mesa e o outro tira, por exemplo.

Grande parte do entusiasmo inicial em ajudar nos afazeres domésticos pode acabar. Para não perderem a motivação, ofereça às crianças atividades que elas possam ser capazes de começar e terminar sozinhas. Isso contribuirá para a autoestima delas.

O fascínio pelo preparo de novas receitas e delícias continuará por anos a fio. Ensinar-lhes receitas simples que possam fazer, parte delas sozinhas, alimenta a sede por autonomia, característica dessa idade.

27

Seu quarto está organizado?

Quem guarda seus cadernos, jogos, roupas etc?

Há, ainda, outras coisas que você é capaz de fazer.

Descubra que coisas são estas.

Ajude seus pais na manutenção da limpeza e ordem de sua casa.

Tarefas compartilhadas aproximam os membros da família e desenvolvem a cooperação.

29

Cenas de crianças, em shoppings e supermercados, fazendo birra ou insistindo com os pais para comprarem produtos que os pais consideram desnecessários, inúteis, caros ou não recomendados são bem frequentes.

O apelo publicitário é cada vez mais envolvente, mas não há propaganda comercial que resista a uma posição clara, coerente e firme dos pais.

Cabe aos pais ensinarem aos filhos, desde bem pequenininhos, a controlarem o desejo de possuir coisas. *A criança só se torna um consumidor voraz e insaciável porque os pais permitiram.*

Muitos pais, para encerrar o pede-pede, dizem que não têm dinheiro para comprar, que esqueceram a carteira e outras atitudes que não ajudam a criança a lidar com o impulso de querer comprar. Eliminam o problema no momento, mas não educam.

A criança deve ser informada sobre os motivos pelos quais os pais não vão comprar o que ela pede, de modo que possa compreendê-los. Sem mentiras, sem enganação, tudo pautado na realidade, para que ela possa desenvolver seu juízo de valor e os próprios critérios de consumidor consciente.

Os pais podem dizer, por exemplo:

- Este produto é muito caro e não tem qualidade.
- Não vale o valor que estão pedindo. Temos que pesquisar um melhor preço.
- Você já tem bastante roupa de frio, não está precisando.
- Estamos no fim do inverno. Não acha melhor reservar o dinheiro para comprar roupa de verão?
- Seu aniversário está perto e ganhará brinquedos novos; não vale a pena gastar com brinquedos agora.
- Tenho dinheiro comigo, mas é para outras coisas; não tenho para o que você deseja. É mais importante pagar as contas.
- Não vou comprar bolacha recheada, pois já comprei na semana passada. Hoje comprarei esta outra, que é mais saudável.

Essas reflexões são altamente educativas, pois oferecem subsídios úteis para a vida de seu filho. Dizer "não" dessa maneira educa para a vida.

Quando a criança é muito pequena para compreender, ou o argumento não é aceito sem um contra-argumento, sobra-lhe dizer que é não, porque você assim o quer: "Sou seu pai, e estou lhe dizendo que não vou comprar!".

Conheço pais que compram brinquedos ou doces para os filhos quase todos os dias; ir ao shopping e comprar um brinquedo já virou regra. Muitas crianças não sabem o que é desejar algo e esperar ansiosamente pelo presente.

Além do mais, a criança que tem todas as suas vontades satisfeitas desenvolve o imediatismo e não aprende a adiar as recompensas, o que poderá trazer-lhe sérias dificuldades no futuro para lidar com frustrações e controlar sua vida financeira.

Se a criança costuma reincidir neste mesmo ponto, faça com ela a lista do que deverá ser comprado no supermercado, ou shopping, antes de saírem, assim ela irá se preparando e se sentirá menos frustrada.

Pais sábios na arte de educar devem aproveitar as oportunidades do dia a dia para desenvolver nos filhos instrumentos psicológicos para se adaptarem às mais variadas situações.

Outra opção para escapar dos brinquedos em aniversários e outras comemorações é oferecer à criança presentes que incentivem relacionamentos. Pode-se oferecer uma excursão a um parque temático, um passeio ecológico com acampamento, ou a matrícula que ela tanto desejava em uma escola de música.

Muitos pais se surpreenderiam em saber que o que as crianças de fato mais querem não são brinquedos caros, mas sim compartilhar mais momentos junto deles.

30

Não é possível ter tudo do jeito e na hora que a gente quer.

Saber esperar é: viver bem com o que se tem, até ser possível a realização do que queremos.

Divirta-se enquanto espera.

30

É um privilégio crescer em contato com avós, tios e primos.

Os encontros familiares aos domingos ao redor da churrasqueira, as rodas de chimarrão, os passeios de férias com primos, ou na casa da avó, consolidam o sentimento de pertencer a um grupo familiar maior.

A grande diversidade de trocas afetivas verdadeiras e significativas assegura à criança que ela pode contar com o amor e os cuidados de outros parentes.

Privilegie um ambiente favorável para a resolução de problemas, que certamente ocorrerão entre as crianças, assim como acontece entre os adultos.

Infelizmente, às vezes a criança presencia os próprios pais em discussões familiares, agravadas pelo excessivo uso de alcoólicos. Nesses casos, é importante que ela tenha oportunidade de presenciá-los retratando-se, ou saber que se desculparam pelo malfeito. Experiências vivenciadas e observadas dessa convivência parental são fundamentais para o desenvolvimento das habilidades sociais infantis.

Se não existe o hábito de reuniões familiares entre os seus, procure criar com relativa frequência oportunidades para esses encontros, pois os vínculos afetivos fortalecidos funcionam como rede de proteção para momentos existenciais futuros mais críticos.

Lembrando que, na inexistência ou impossibilidade de convívio com familiares, pode-se criar um grupo familiar de amigos afins e leais.

126

Os feriados têm significados diferentes para culturas diferentes, todas têm motivos para celebrar.

Aproveite estes momentos junto aos familiares.

A família é e sempre será seu maior tesouro.

31

Papais e mamães grávidos, não esperem o nascimento de seu filho para iniciar um contato mais efetivo e íntimo.

Infelizmente, muitos pais só estabelecem relação com os filhos após o nascimento. Preocupados em recebê-los com conforto e prover sua segurança material, deixam de atender às suas necessidades psicológicas de segurança emocional e afetiva.

É imperioso não perder de vista a assertiva de que todos os nossos filhos são espíritos e, como tais, não precisam do equipamento físico desenvolvido para perceber o que se passa à sua volta.

O ganho mais valoroso do entendimento de que a consciência é uma realidade extrafísica está em alertar os pais a iniciarem mais cedo e com mais qualidade a conexão afetiva com o filho não nascido.

Quanto você tem se conectado com seu filho e participado da vida dele?

Mamãe, ao acordar, deseje-lhe bom-dia, boa-noite; comunique que está indo ao trabalho, ao mercado, visitar sua mãe, passear... Reserve momentos calmos para falar sobre você e cada membro da família, o pai, os irmãos, os avós, tios, primos. Confidencie os nomes que estão escolhendo para ele, as adaptações no ambiente físico e as providências para recebê-lo.

Não há nada específico a falar; partilhe seu dia a dia, suas preocupações e sentimentos.

Procure ser otimista, mesmo diante de um problema, passando ao seu filho desde então um padrão positivo de pensamento.

Convém refletir sobre com quais pensamentos e ambiente seu filho tem entrado em contato a maior parte do tempo.

Pergunte-se, ainda: o que posso fazer, agora, pelo bebê? O que posso oferecer para que tenha bons motivos para nascer sorrindo?[1]

---

1 Recomendo aos pais grávidos a leitura de *Gestação à Luz do Afeto*, de Anabela Sabino. Catanduva: Boa Nova/Edicel, 2016. Esse livro leva-nos aos detalhes da interação entre mãe e bebê durante a gravidez. "Realça a responsabilidade da maternidade e aponta as técnicas para a harmonização entre os dois seres que, pelas leis do renascimento, estão juntos nas leis evolutivas da Terra". "YouTube: "Anabela Sabino" ou "Gestação à Luz do Afeto" – áudios que fazem parte do livro.

Estabeleça uma ligação afetiva, fale quanto o ama. Sentir-se amado sempre será a maior garantia de um desenvolvimento emocional sadio para o bebê. Existe intercâmbio natural entre mãe e filho, que vai além do compartilhamento biológico.

Se o universo é composto de átomos, que se dividem em nêutrons, elétrons e outras partículas; se o corpo é formado por esses elementos, que nada mais são do que energias em concentrações variadas; e, ainda, sendo o espírito formado por "energia pura", a lógica nos induzirá para o entendimento de que há intercâmbio energético, ou seja, interação das correntes fluídicas. Com base nesse entendimento, podemos aceitar que há repercussão da atividade mental da mãe sobre o ser tão intimamente ligado a ela.

A ideia que a criança formará de si mesma, o quanto ela se amará e se sentirá amada depende essencialmente do quanto a mãe expressou o seu bem-querer durante a gestação.[2]

Se por algum motivo isto não foi possível durante a gestação, olhe para frente, pois terão a vida toda para fortalecer os laços afetivos.

---

2 VERNY,T e KELLY, J. *A vida secreta da criança antes de nascer.* São Paulo: C.J. Salmi, 1993.

147

Sua mãe está grávida?

Em breve você terá um irmãozinho ou irmãzinha?

Pois saiba que o bebê é capaz de sentir sua presença.

Faça contato, isto deixará seu irmãozinho muito feliz.

Assim, aos poucos vão aprendendo a gostar um do outro.

Não espere ele nascer para dizer que o ama.

32

Há casais que arrastam por décadas um casamento destruído, com agressões físicas e morais, muitas vezes se suportando com o argumento de que é por causa dos filhos.

Geralmente os filhos preferem ver os pais juntos mesmo quando há brigas, impulsionados pela esperança de um dia os verem convivendo em harmonia.

Assim, os ressentimentos vão se acumulando entre o casal, bem como as situações de indignidade presenciadas pelos filhos.

Ouço de jovens e crianças a afirmativa de que não pretendem se casar, ou que não querem ter filhos, influenciados pelo modelo de casamento a que foram expostos.

Em alguns casos, o divórcio pode ser a alternativa mais recomendada e a menos traumatizante para os filhos. A separação responsável pode melhorar o relacionamento entre o casal e entre filhos e pais. A separação responsável é aquela cujos acordos visam o bem-estar dos filhos, sem conflito de interesse.

Pelo bem dos filhos, os pais separados precisam colocar de lado as divergências pessoais e o orgulho ferido, para que esse processo seja assimilado pelos filhos da melhor maneira possível.

O alemão Bert Hellinger, criador de uma nova abordagem da psicologia sistêmica, as constelações familiares, prioriza sempre o amor. Segundo a terapia do amor proposta por ele:

O melhor para o bem dos filhos é que cada um continue a cultivar neles o amor que inicialmente sentiu pelo parceiro, seja no que for que tenha se transformado depois. Com a lembrança desta intimidade eles podem contemplar os seus filhos após o divórcio.[1]

Segundo Hellinger, ao serem inquiridos pelos filhos sobre o porquê da separação, deve-se dizer a eles: "Isso não diz respeito a vocês. Nós nos separamos, mas continuamos sendo seus pais", pois a relação de paternidade e maternidade é indestrutível. O que se desfaz é apenas a relação de parceria.

---

1 Hellinger, Bert. *Ordens do Amor.* Cultrix: São Paulo, 2007.

De modo geral, o filho não deve ser tirado de um e entregue a outro; o casal deve manter integralmente seus direitos e deveres.

Não é importante chegar a um culpado pelo fato; ambos precisam enfrentar a dor pelo relacionamento ter acabado, separar-se em paz e resolver de comum acordo o que precisa ser resolvido. Assim, cada um fica livre para o próprio futuro. Isso alivia todos os envolvidos.[2]

Quando os pais combinam entre si como deverá ser o compartilhamento da guarda e comunicam aos filhos, tiram destes o peso de escolher entre os pais. Outros arranjos podem advir naturalmente.

---

2 Adaptação. Bert Hellinger. *Ordens do Amor.* São Paulo: Cultrix, 2007.

26

Quando os pais decidem pela separação é difícil para a família.

Todos sofrem e precisam se adaptar às mudanças da nova situação.

Mas, uma coisa não muda, pai e mãe continuam sendo pai e mãe, morando juntos ou não.

O amor que une os pais a seus filhos, os filhos a seus pais e entre os irmãos, continua o mesmo.

Não deixe que nada interfira neste amor!

33

Crianças e adolescentes se desenvolvem cada vez mais precocemente, o que exige novas posturas na arte de educar.

As frases que eram ditas antes pelos pais, como "É assim porque eu quero", "Não precisa entender, é só fazer o que eu mando", "Criança não tem que querer" não têm o mesmo êxito de décadas atrás.

Também é contraproducente a atitude oposta ao tiranismo, quando se diz: "Ah, deixa, coitadinha!", "Criança não entende...".

Crianças continuarão sendo crianças e precisam de orientação para se conduzir na vida.

Dar limite e direcionamento é dever dos pais; por exemplo:

- "Já conversamos sobre desenhar na parede, você sabe onde é permitido."
- "Já se passaram os quinze minutos que combinamos para se despedir dos seus amigos, agora é hora de irmos."
- "Você sabe que não almoça bem quando come doce, portanto, guarde-o para depois."

Explicar clara e firmemente não significa tentar convencer a criança. Você não precisa da aprovação do seu filho.

Quanto mais os pais estiverem em dúvida quanto à postura a ser tomada, mais o filho se valerá dessa hesitação para negociar e ampliar os ganhos, segundo seus desejos.

Em nenhum outro momento da história da humanidade a criança esteve tão em condição de entender o porquê do "não" quanto na atualidade.

Quanto ao jovem, não subestime sua capacidade empática quando quem o quer bem lhe dirige a palavra com clareza e coerência. Invista em conversas com argumentos verdadeiros, sem tentar medir forças. Fale com a segurança que seu papel de pai ou mãe lhe garante por direito, e vai se surpreender!

34

Todas as pessoas buscam a felicidade. Pais querem ver os filhos felizes.

A felicidade é um estado da alma, sentimento que não tem relação circunstancial direta. Portanto, ricos e pobres, independentemente de idade, estado de saúde, nacionalidade, credo, estrutura familiar e outras variáveis, teoricamente podem se sentir felizes, certo?

Os bens materiais frequentemente são confundidos como itens geradores de felicidade.

O momento de euforia com a nova aquisição passa e serve de trampolim para o próximo bem de consumo. É um círculo vicioso, uma armadilha que escraviza as pessoas.

Assim, o videogame X que a criança ganhou é a linha de base para o seguinte lançamento, o videogame XX. E está longe de tornar as crianças mais felizes, pois logo elas se voltarão para outro objeto de seus desejos. No capítulo 29 tratamos da postura dos pais diante do consumismo. Desejo abordar aqui o assunto de forma mais profunda e filosófica.

A sabedoria do bem-viver nos alerta de que é contraproducente colocar a atenção naquilo que não temos. O que nos faz bem de verdade é sermos gratos por aquilo que temos.

Mas como iniciar nossos filhos nessa fábrica autossustentável de felicidade? Desenvolvendo neles o olhar para o que é bom e belo, fortalecendo o sentimento de gratidão à vida.

Basta um passeio no parque para nos deparamos com belezas dignas de serem exaltadas. Receber um caloroso bom-dia é uma dessas coisas simples que normalmente não temos o hábito de valorizar.

O exercício da gratidão é contagiante. *Quanto mais incentivarmos nossos filhos a expressar a gratidão, mais fácil e natural ficará para eles encontrarem motivos para gostar da vida que têm.*

Encoraje seu filho a usar a palavrinha mágica "obrigado" diante do sorveteiro que lhe entrega o sorvete; diante de um favor recebido, por mais trivial que seja; pelo presente que ganhou; pelo telefonema da avó para saber se a febre passou; pelo preparo do seu prato preferido; e tantas outras atenções recebidas.

Para que esse "obrigado" não se torne automático e impessoal, e ultrapasse o formalismo da boa educação, ensine seu filho a agradecer dizendo o motivo:

- "Obrigado por este sorvete gostoso."
- "Obrigado por ter me levado para passear, vovô."

Lembre-se de que a mais poderosa forma de os filhos criarem hábitos saudáveis (ou não) é tendo os pais como autêntico modelo. Portanto, como pais, vocês podem dizer também:

- "Obrigado, filho, por esta flor linda que você me deu."
- "Obrigado por ter ajudado o seu irmão com a lição da escola."

Essa atitude estendida para além do âmbito familiar, por parte dos adultos, aumenta o repertório da criança:

- "O jardim ficou lindo. Obrigado pelo ótimo serviço prestado!"
- "Obrigado por estar aqui no parque vendendo água de coco para matar a minha sede nesta tarde quente!"

O sentimento de gratidão é um forte antídoto contra as frustrações, pois os momentos difíceis farão parte da vida dos seus filhos quando crianças, jovens e adultos.

204

Se seus amigos têm brinquedos que você gostaria de ter, não os inveje.

Fique feliz por eles.

Lembre-se de gostar do que pode ter no momento.

Sempre haverá quem tem mais e quem tem menos que você.

Ser grato pelo que temos é a chave da felicidade.

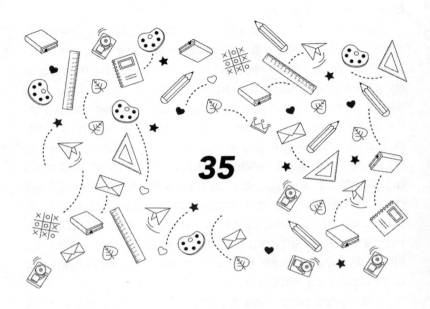

35

    Quando criança, você sentiu satisfação por ter conseguido algo depois de muita dedicação e esforço, ou de longa e paciente espera?

Infelizmente, nossas crianças conseguem o que desejam cada vez com mais facilidade, sem muito esforço, tempo de espera ou merecimento.

    Essa tendência abrange famílias de todos os níveis econômicos. Certa vez ouvi de um pai: "comprei a mais moderna televisão para pôr no quarto da minha filha, mesmo sem poder", contraindo assim dívida em momento de crise, para satisfazer a vontade da filha de oito anos. Há crianças portando celulares com mais recursos tecnológicos do que os usados pelos pais. Há pais que compram tênis de grife para os filhos não se sentirem inferiorizados diante dos colegas – pais que acreditam estar fazendo um bem ao poupar os filhos de todo tipo de desconforto.

Desse modo, deparamo-nos com alunos universitários cujos pais vão até tirar satisfação com os professores pela nota baixa recebida; pais que passam para si os pontos da multa de trânsito, para que o filho não perca o direito de dirigir; pais que conseguem identidade falsa para filhos menores irem a festas; que conseguem colocação profissional para os filhos usando sua influência (passando-o à frente de candidatos mais qualificados), além de outros casos semelhantes. Esses pais caminham na contramão do exemplo educativo, pois ensinam o desrespeito às leis e ao direito do outro. Há pais que falam com orgulho: "Faço de tudo pelo meu filho". E aí é que se perdem, porque se orientam por uma lógica equivocada.

Senhores pais, vale a pena olhar para dentro de si, à procura dos verdadeiros motivos que tornam insuportável ver os filhos frustrados.

Essas crianças crescem achando que merecem privilégios, e que os outros devem curvar-se às suas vontades; e a vida mostrará que não é assim que as coisas funcionam.

Valores pautados no egoísmo nos enfraquecem, nos afastam da divindade que há em nós e da nossa força.

133

Não seja preguiçoso, tirando "nota" na escola às custas de seus colegas.

A "nota" que assim tira mede a capacidade do seu colega, não a sua.

Acredite em seu potencial.

Dedique-se mais ao estudo, para não lhe fazer falta depois.

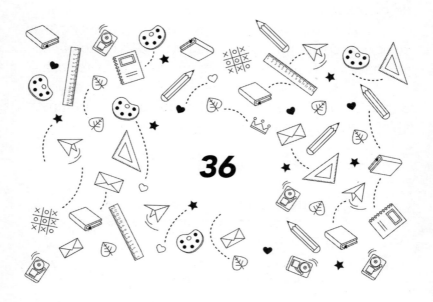

36

Quanto mais idade, maior deverá ser a responsabilidade das crianças nas tarefas de casa.[1]

As práticas caseiras as ensinam a respeitar o trabalho executado pelo outro, a reconhecer sua utilidade, além de lhe conferir autonomia.

De nove a onze anos, elas já podem se encarregar do cumprimento metódico de tarefas que sejam contínuas, e que antes eram realizadas esporadicamente. Por exemplo: todas as sextas-feiras, tirar o pó dos móveis, e todos os dias trocar a água do cãozinho e lhe dar ração.

Podem também ser iniciadas em atividades que exijam mais habilidade, com a supervisão dos pais, como:

[1] Tarefas caseiras nas várias faixas etárias, tratadas nos seguintes capítulos: 12, 16, 22, 28, e 48 desta obra.

ajudar a lavar o carro e a varanda, arrumar a mochila escolar, arrumar seu armário e gavetas, estender e tirar as roupas do varal, lavar a louça, ajudar a fazer a lista do mercado etc.

À medida que percebe quanto é trabalhoso limpar e colocar as coisas no lugar, a criança tende a colaborar espontaneamente na manutenção da ordem e da limpeza.

Se a casa é de todos e para todos, é bastante lógico o raciocínio de que todos devem colaborar para tornar seu lar um ambiente limpo e agradável.

37

Se a casa é de todos e para todos, é bastante lógico o raciocínio de que todos devem colaborar para tornar seu lar um ambiente limpo e agradável. Foi assim que terminei o capítulo anterior.

Pais que vieram de famílias cujas organização e limpeza ficavam a cargo de empregados domésticos sentem dificuldade em delegar tarefas domésticas aos filhos, principalmente se ainda usufruem dessa comodidade.

Pode parecer um despropósito tirar a louça da mesa, arrumar a própria cama, regar o jardim, se pessoas são pagas para fazer esse trabalho. Mesmo nessas circunstâncias, alguns cuidados com coisas pessoais sempre deveriam ser executados pela própria pessoa.

Pequenas atitudes enobrecem, pois criam sentimentos de responsabilidade para com as consequências dos próprios atos.[1]

---

1 Tarefas caseiras nas várias faixas etárias. Assunto tratado nos capítulos 12, 16, 22 e 48 desta obra.

71

Colabore com a organização e a manutenção da limpeza de sua casa.

Há tarefas domésticas que você e sua família podem fazer, com ou sem funcionários para o serviço caseiro.

Limpar e organizar a própria desordem desenvolvem o autocuidado.

38

Muitos problemas e mal-entendidos podem ser evitados se a comunicação dos pais para com os filhos for clara e precisa.

Quantas vezes dizemos que "sim", sem prestar muita atenção, em meio à profusão de afazeres diários? Então a criança argumenta com veemência: "Mas você disse que eu podia!".

E quanto àquelas situações em que seu filho manipula um dos pais, o mais vulnerável, para obter uma improvável autorização? Ele: "Mas o pai deixou!", ou: "A mãe deixou!".

Há ainda a imprecisão de algumas expressões. O comportamento de birra das crianças pequenas é sustentado, muitas vezes, pela indefinição dos pais, com mensagens que não são claras.

Por exemplo:

- "Não chegue tarde!" – o que seria considerado "tarde"?
- "Coma só mais um pouquinho!" – significa quanto exatamente?

Desse modo, ficam espaços abertos por causa das indefinições, dúvidas que podem ser interpretadas conforme a ótica de cada um.

Eis um exemplo de comunicação objetiva: "Estou saindo agora, em quinze minutos estarei aí. Espere-me na portaria do prédio, ok?".

Apresento agora um caso bizarro, mas bem ilustrativo. Um pai, cansado de buscar a filha adolescente na balada, e esta não aparecer no horário combinado, resolveu que era hora de dar um basta e lhe disse: "Se não estiver aqui na hora combinada, vou entrar de pijama para procurar você!". A filha, reconhecendo que o pai realizaria a ameaça, não se atrasou mais.

Não há uma fórmula mágica que sempre dê certo, e sim orientação do que poderia melhorar as chances de uma boa relação entre pais e filhos, uma direção para algo novo, inédito, criativo, divertido e saudável, que tenha a sua cara e que dê certo para sua família.

Somos criaturas sociais. Desenvolver interesse genuíno em relação ao bem-estar das outras pessoas leva-nos à plenitude, por estar de acordo com os objetivos da vida.

Podemos despertar em nossos filhos sentimentos de empatia para com o outro, pelos animais e pelo ambiente físico.

Aproveite reportagens e noticiários para ampliar o olhar de seu filho sobre as dificuldades enfrentadas pelas pessoas.

Estimule-o a participar de campanhas como a arrecadação de gêneros alimentícios ou de higiene, que normalmente acontecem em favor de vítimas de alagamentos, deslizamentos de encostas e outras catástrofes.

Ao adquirir um animalzinho de estimação, dê preferência pela adoção; o gesto humanitário será uma experiência valorosa para seu filho.

Participe e peça a ajuda de seu filho em campanhas de conscientização ambiental, para economizar água e luz, ou separar lixo reciclável.

Após datas como Natal ou aniversário, quando geralmente a criança ganha novos brinquedos, incentive seu filho a selecionar alguns brinquedos para ser encaminhados a quem não os possui.

Sempre que houver oportunidade, mostre-lhe que existem muitas pessoas interessadas no bem-estar de desconhecidos, que realizam belíssimos trabalhos.

Se possível, engaje-se em algum trabalho social de sua comunidade, igreja ou outra associação de maneira contínua e permanente. Tenho certeza de que isso será benéfico à sua família, tanto quanto o bem que poderá fazer a alguém.

Assim, paulatinamente, o interesse de seu filho por aqueles que não fazem parte do convívio restrito de suas relações vai crescendo.

É um belíssimo caminho para que nossas crianças valorizem a vida que têm e mais tarde se engajem com proatividade na resolução de problemas sociais.

176

Cresça cultivando o interesse pelo bem-estar do outro.

Por exemplo: defenda os animais, plante, dê destino adequado ao lixo, consuma menos, respeite o direito das pessoas e seus sentimentos.

Assim, no futuro, poderá ser professor, médico, motorista, pedreiro, advogado, bombeiro, engenheiro, esportista, policial, político, juiz mais humano.

O mundo precisa de pessoas boas.

40

Seu filho de dois, três anos diz "não" para tomar banho, para sair do banho, para comer, para se vestir, para se sentar na cadeirinha do carro e assim por diante?

O "não" pode ser evitado se você fizer as perguntas certas. Por exemplo: se perguntar: "Vamos tomar banho?", a resposta será: "Não!". Pergunte então: "Quer tomar banho de chuveiro ou na banheirinha?". Assim, ele terá a ilusão de ter escolhido tomar banho.

O pequeno opositor tem um repertório linguístico limitado para comunicar-se, portanto, é natural usar e abusar do "não".

Não me causaria surpresa se o "não" fosse a primeira expressão complexa do universo linguístico da criança.

Porém, o "não" da criança que está aprendendo a se comunicar pode querer dizer: "Agora não, mas daqui a pouco pode ser"; ou "Eu acho que não, não tenho certeza; tem uma ideia melhor para me apresentar?". Nesses casos, o "não" não é conclusivo, e sim o início de uma conversação.[1]

Nesta tenra idade, a criança está se afirmando como ser individual, separado da mãe, e descobrindo que tem vontade própria. É natural e saudável exercitar essa nova condição fazendo escolhas.

Seu filho, que nem saiu das fraldas, quer escolher uma roupa para passeio que lhe parece totalmente inadequada para a ocasião. Essa é uma situação que pode ser negociada ao se apresentar opções para que ele escolha uma delas, ou ao se manter as peças originalmente selecionadas por ele.

O negar-se a sentar na cadeirinha de proteção do carro, por exemplo, não tem negociação, apesar dos mais veementes protestos, que podem incluir choro, gritos escandalosos, soluços etc. Manter uma atitude firme não significa desistir do passeio, nem tirar seu filho da cadeirinha para acalmá-lo no colo. Siga a viagem e, assim que ele se acalmar o suficiente para ouvir suas palavras, interaja naturalmente com ele, distraindo-o com algo.

Os "descomportamentos" não negociáveis tendem a não se repetir depois da quarta ou quinta vez consecutiva em que é mantida a atitude firme nesse propósito.

A criança precisa entender que são os pais que transmitem as regras, e não as crianças que as inventam.[2]

---

1 Texto baseado em Harry Ifergan e Rica Etienne. *Mil Dicas para Entender seus Filhos*. 2. ed. Rio de Janeiro: Jorge Zahar, 2001, p. 25.
2 Este parágrafo é baseado no livro de Johann Heinrich Pestalozzi, psicografia de Dora Incontri. *Meditações*. Bragança Paulista: Comenius, 2009.

Para a criança adquirir o comportamento desejado, é importante que o procedimento seja mantido por todos os que participam da rotina dela.

Embora seja mais trabalhoso colocar limites do que ceder aos caprichos dos nossos pequenos, é muito mais desgastante substituir um mau hábito por outro mais saudável.

O melhor é criar uma relação amistosa desde as primeiras negativas da criança.

41

É natural crianças pequenas sentirem ciúmes, pois estão aprendendo a dividir o que acreditavam existir somente para si.

Pais, irmãos, avós, professores, enfim, todos os que convivem com crianças inevitavelmente vão sinalizando que nem tudo gira em torno delas, e estas acabam aceitando que as pessoas que lhes são caras interagem com outros e trocam atenções.

É comum a criança se colocar entre os pais, na intenção de receber a atenção que um dispensa ao outro; ou empurrar o irmãozinho que senta no colo de um dos pais. Cuidado, no entanto, ao achar engraçadas as investidas da criança para separar os pais, pois isso pode causar-lhe constrangimentos.

Crianças são espontâneas e não dissimulam o desejo de exclusividade. Cabe aos pais lidar com naturalidade no caso de suas investidas em trazer para si as atenções, quando fazem birra ou mostram seus novos talentos – que podem até envolver dar um salto de cima do sofá, trazer a pasta com seus desenhos, a coleção de pedrinhas etc.

Pedir que o filho mais velho abdique do colo ou do brinquedo, sempre em favor do irmão mais novo, pode alimentar rivalidade entre os irmãos. Aos poucos, as crianças vão compreendendo que "Agora é a vez de seu irmão ter um pouquinho de colo", ou "Estou acompanhando seu irmão a fazer a lição da escola e você deve esperar", enquanto mostra à criança algo com que possa se distrair. Em outro momento: "Eu o amo muito, assim como também amo seu irmão", ou, no caso de a criança se colocar entre os pais no sofá: "Nós dois também gostamos de ficar juntinhos".

Assim, a criança vai se desenvolvendo confiante e amada, sem medo de perder o amor dos seus afetos para outros amores.

Há mais chances de desenvolvermos relacionamentos sadios na vida adulta quando este aprendizado acontece gentilmente.

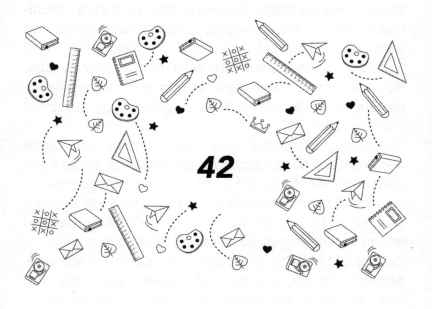

42

Foi mencionado em mensagens anteriores que o amor não impõe condições. Tal sentimento dá força e impulsiona a criança a desejar ser melhor, não para agradar os pais, mas por ela mesma, aumentando assim as possibilidades de se enxergar e se amar como é.

É diferente de quando se diz: "Ninguém gosta de criança mal-educada!", ou: "Deus não gosta de criança que faz assim".

A criança com medo de perder o amor dos pais vai deixando de ser ela mesma e cresce criando personagens bonzinhos para ser aceita pelos pais, pelos amigos e, mais tarde, pelo namorado, patrão...

A energia gasta nesse processo não retroalimenta saudavelmente a psique; portanto, ela está fadada à infelicidade. Emoções e sentimentos de raiva, ciúme, inveja, mágoa, medo, vingança não deixam de existir quando reprimidos ou negados, pois continuam atuando "embaixo do pano".

Todos nós temos defeitos, essa é nossa humanidade. Não reconhecê-los é sinal de que não nos conhecemos, e só podemos controlar aquilo de que tomamos consciência.

Admitir nossos aspectos mais sombrios nos ajuda a administrá-los, a disciplinar os impulsos destrutivos para não ferirmos nem o outro, nem a nós mesmos.

Ao ser dito repetidas vezes: "Você não pode ter raiva do seu irmão!", esse sentimento reprimido e negado acaba sendo dirigido ao irmão de forma camuflada.

Por outro lado, quando os pais dizem: "Você quebrou o brinquedo do seu irmão quando ele gritou com você! Fique um tempo pensando em por que essa atitude do seu irmão o deixou furioso a esse ponto". Pais, percebam a riqueza desse procedimento.

Voltar o olhar para dentro e tomar contato com as verdadeiras motivações de nossos atos vão muito além do: "Não seja assim, que feio!". Com mais profundidade, a criança aprende a buscar conscientemente os próprios sentimentos, sem medo, aumentando assim sua capacidade de autocontrole e a possibilidade de mudanças.

Depois da reflexão, devem seguir as medidas pertinentes à reparação das consequências de tal atitude, ou seja, consertar o brinquedo quebrado, dar ao irmão um de seus brinquedos para substituir o quebrado etc.

132 – EDUCANDO COM SABEDORIA ESPÍRITA

215

É normal adultos e crianças sentirem tristeza, medo, raiva e ciúmes.

Descubra por que você está se sentindo assim.

Compreender a causa pode ser libertador.

Atitudes que ajudam a pensar a respeito: escrever um diário, conversar sobre, meditar, contemplar a natureza buscando inspiração.

Em outros momentos, mudar o foco e se distrair é o melhor a fazer. Escolha atividades de sua preferência, como: andar de bicicleta, desenhar, ler e outras brincadeiras.

Tenha sempre em mente uma lista de boas opções, e quando precisar, consulte-a.

43

Ninguém nasce sabendo ser pai ou mãe. O aprendizado dura toda a vida, e se inicia quando se é filho. Como filho, observamos, introjetamos e avaliamos a educação recebida.

Independentemente de todas as informações que recebemos sobre educação, é por ensaio e erro que nos aprimoramos. Que nossos acertos sejam mais significativos que possíveis danos causados por nossos enganos.

Quantas vezes, no afã de defender os filhos, colocamos os direitos deles acima dos direitos dos demais, tornando-nos condescendentes com suas faltas.

E quando os pais são exigentes demais, impondo altas expectativas e correções severas?

Como saber qual é a medida disciplinar adequada? E quando os comentários e adjetivos empregados pelos pais causam dor e sofrimento nos filhos? Como orientar e dar liberdade para que os filhos busquem as próprias aspirações, sem projetar neles nossos desejos? E no caso de o senso de justiça dos pais estar sendo afetado nas interações com os filhos? Como ajudar o companheiro, ou companheira, que não percebe os equívocos cometidos nas interações com os filhos? A vontade de acertar é um bom ponto de partida. Convém estar atento ao resultado das medidas educativas e, assim, avaliar o que está ou não dando certo e buscar soluções.

11

A Terra é escola para aprendermos a viver como irmãos.

Faça sua lição de casa!

Aja como irmão.

E o dia em que todos viverão
fraternalmente chegará mais cedo.

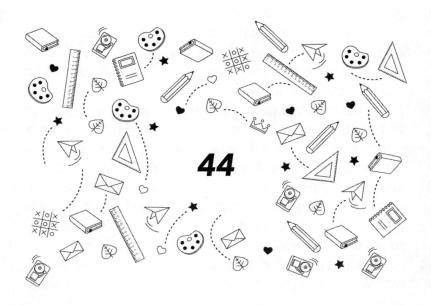

44

Em *Crescendo com Sabedoria*, escrito para crianças e jovens, abordo o assunto "morte" algumas vezes,[1] tema considerado tabu em muitas famílias.

Crianças com três anos já têm formado o conceito de que coisas acabam: a mamadeira, o sorvete, o passeio que chega ao fim. Provavelmente nessa idade também já viram uma aranha ou outro bicho qualquer morto, situação que pode ser explorada, falando-lhe que aquele bichinho não vai mais andar, não vai mais voar etc.

A criança pequena aceita com naturalidade a morte. Seus questionamentos são motivados pela curiosidade de querer saber mais a respeito.

---
[1] Mensagens números 25, 34, 47 e 91.

As perguntas mais frequentes quando morre alguém próximo ou um animalzinho de estimação são: Ele está dormindo?; Ele vai voltar?; Ele está sentindo dor?; O que vai acontecer com ele?; Para onde ele vai?

A criança quer saber e deve ser informada de que a morte não é a mesma coisa que dormir; que o corpo está sem vida, portanto, não vai mais andar, comer ou fazer as coisas que fazia.

A criança deve acompanhar naturalmente a doença dos avós e ser informada da morte de alguém próximo.

Após a primeira infância, seria bom dar à criança a liberdade de escolha da despedida. Antes dos seis anos, acredito ser desnecessário o registro das imagens desse evento. É muito mais significativo que ela fique com as lembranças em vida, que melhor caracterizam o ser amado.

Deixar a criança chorar, se ela assim desejar, propor plantar uma árvore simbolizando um ritual de passagem, conversar sobre seus sentimentos, assim como lembrar os momentos bons e engraçados junto da pessoa que se foi são atitudes saudáveis que ajudam na elaboração da perda.

Na tentativa de privar a criança do sofrimento, muitos pais tentam desviar sua atenção comprando-lhe presentes, mudando de assunto quando a criança fala da pessoa falecida, levando-a para viajar, e a resolução do luto não se dá, podendo gerar ansiedade e medo da morte.

A formação profissional na abordagem transpessoal e minha vivência religiosa respaldam-me para aconselhá-los a dizer à criança que o corpo acaba, mas a alma[2]

---

2 Ou espírito.

da avó ou do amiguinho continua existindo em outra dimensão, paralela à nossa.

Pode-se falar que a morte é uma passagem para outro mundo – invisível para nós, mas tão real quanto o nosso para o espírito. Nesse mundo, quem chega é recepcionado por parentes e amigos que lá estão, assim como somos recebidos na Terra ao nascermos.[3]

É consoladora a certeza do reencontro com aqueles queridos que desencarnaram.[4]

É oportuno dizer que, enquanto esse reencontro não acontece, devemos viver intensamente a vida, da melhor maneira possível, pois é exatamente isso que deixaria o ente querido, que partiu, feliz.

Dependendo da capacidade de entendimento da criança e de seu interesse, podemos ampliar as informações: esse mundo é parecido com a Terra, porém em tudo mais perfeito, e não podia ser o contrário, visto ser o nosso verdadeiro lar, que abriga o espírito.

Podemos falar também que temos o conforto do reencontro enquanto dormimos, quando deixamos o corpo temporariamente para matar a saudade da nossa pátria amada e dos nossos queridos que para lá foram.

As crianças maiores compreendem facilmente o conceito de realidades paralelas, por causa dos jogos e filmes que exploram esse fenômeno.

É altamente terapêutico e reconfortante saber que a identidade daquele que morreu, com suas ideias, pensamentos e lembranças, está preservada; que não desapareceu junto com o corpo que foi enterrado ou cremado.

---

3 Ao encarnarmos.
4 Podemos familiarizar a criança com o termo "desencarnar", que é explicativo por si só – sair da carne.

A morte é o fenômeno mais objetivo e fatual a ser explorado com as crianças para lhes passar a concepção transcendental da natureza humana.[5]

---

5 Sugiro a leitura de *O Livro dos Espíritos* – "Sobre a imortalidade da alma, a natureza dos Espíritos e suas relações com os homens, as leis morais, a vida presente, a vida futura e o porvir da humanidade (segundo os ensinamentos dos Espíritos Superiores, através de diversos médiuns, recebidos e ordenados por Allan Kardec)".

34

Nossa essência é espiritual.

Somos espíritos revestidos de corpo físico.

Quando a vida deixa o corpo, esse morre.

A vida continua no espírito, com as lembranças, ideias, pensamentos e sentimentos.

Viva bem!

Acumule bela bagagem de realizações, pois não se perdem.

Estarão sempre presentes no espírito imortal.

45

O temperamento refere-se ao aspecto inato da personalidade. Está ligado à afetividade e ao nível de atividade que condicionam o modo de ser e se comportar, cuja manifestação observa-se desde os primeiros anos de vida.

Analisemos um aspecto do temperamento, resultado da elaboração do processo psíquico para atender as necessidades evolutivas desta existência específica: introversão e extroversão. A criança pode ser mais ou menos introvertida, ou mais ou menos extrovertida.

Quando predomina na consciência a introversão, a criança direciona sua atenção para o mundo interno de impressões, emoções e pensamentos. Orienta-se por fatores subjetivos, e não pelo fato objetivamente dado. Tem mais facilidade de expressão no campo da escrita do que na oratória.[1]

Quando predomina a extroversão, o enfoque da criança é para fora, focando o mundo externo, as pessoas e a ação prática. Tem facilidade de expressão, comunicabilidade e socialização.

São atitudes naturais que parecem antagônicas entre si, mas são complementares, cujo oposto dormita no inconsciente.[2]

Atirar-se confiante e até mesmo impulsivamente em direção ao objeto normalmente favorece a adaptação da criança às condições externas, mais do que no caso das que são mais discretas, reflexivas, mantendo uma postura mais retraída.

Pais de crianças introvertidas tendem a se preocupar por elas ficarem longo tempo sozinhas ou por não terem muitos amigos.

É muito importante compreender e aceitar seu jeito de ser, ajudando-as gentilmente, sem forçar o comportamento contrário à sua natureza.

O predomínio da função introvertida, tanto quanto da extrovertida, tem suas vantagens e desvantagens. Não há certo nem errado.

Os pais podem ajudar a criança a ser feliz, acompanhando-a no desenvolvimento do seu jeito de ser.

---

1 Não tem nada a ver com timidez, que pode ser patológica e causar sofrimento.
2 No processo evolutivo, as duas funções tendem a se harmonizar.

1

Se você está se sentindo sozinho,
esperando que amigos o procurem,
realize o inverso.

Olhe ao seu redor e verá que
não é o único à espera de amigos.

Vá você até eles.

Os amigos estão à sua volta

Basta procurá-los.

46

O ato de comparar é importante mecanismo mental, necessário para se chegar a um juízo de valor. Porém, o mesmo não se aplica quando o objeto da comparação são pessoas, principalmente crianças. Ser alvo de comparação quando em dinâmico processo de estruturação da personalidade pode eliciar ansiedade de longo curso e difícil superação.

Ao compararmos nossos filhos, o que determina o que é bom ou ruim para eles é o desempenho do outro, o que diminui a chance de desenvolvimento de suas próprias potencialidades.

Os filhos precisam ser vistos individualmente, como seres únicos, assim como os primos e os coleguinhas.

As crianças precisam de espaço favorável para desenvolver suas habilidades. Há aquelas que apresentam facilidade para aprender idiomas, outras para matemática, música, esportes, fazer amigos, consertar coisas, cuidar de animais, ouvir e compreender os outros, fazer os outros rirem e muito, muito mais.

Ajude seus filhos a descobrirem suas múltiplas potencialidades e os estimule a desenvolver as áreas em que ele têm mais dificuldade, por exemplo, entrar em programa de matemática dinâmica se ele tem baixo rendimento nesta matéria, ou fazer parte do grupo de teatro da escola para desinibir e soltar a comunicação.

Irmãos não precisam invejar a capacidade do outro quando confiam em si mesmos.

É comum, em reuniões familiares, os pais contarem orgulhosos as últimas conquistas de um de seus filhos, geralmente, é sempre a mesma criança elogiada: a medalha que ganhou em uma competição esportiva, a melhor nota da turma na escola, esquecendo-se dos outros.

Nem todas as crianças conseguem o destaque valorizado pela família, e, mesmo não havendo, em alguns casos, uma comparação direta, é quase inevitável que o "outro" filho, ou o primo de mesma idade, sinta-se excluído, ou em segundo plano.

A criança deve, sim, ser valorizada pelos seus feitos e conquistas, porém a publicidade que se faz em torno é desnecessária. Acredito que os pais, movidos pela vaidade, não percebam as consequências desastrosas daquilo que lhes parece ser tão positivo e inofensivo.

Quanto aos irmãos em questão, caberá a um carregar o peso de corresponder às altas expectativas de todos os familiares às quais foi exposto, e ao outro, curvar-se ao papel que lhe restou, o segundo ou terceiro lugar, pois nunca conseguirá superar as vitórias do irmão.

A tendência, para um deles, é a fixação do padrão de pensamento: "tenho que ser o melhor"; e, para o outro: "nunca vou ser bom o bastante", gerando em ambos muito sofrimento.

Nós, pais, devemos desenvolver a devida sensibilidade para enxergar quanto cada um dos filhos é especial, não pelas suas grandes vitórias, mas por aquilo que são no dia a dia.

208

Crianças apresentam melhor desempenho em áreas de diferentes interesses.

Há aquelas que têm facilidade para aprender idiomas, outras para matemática, música, dança, esportes, fazer amigos, consertar coisas, tecnologias, cuidar de animais, ouvir e compreender o outro, criar histórias, fazer os outros rirem, e muito mais.

Jamais inveje a capacidade de seus colegas, ao invés disso, descubra onde está seu potencial.

Não gaste energia se comparando aos outros, e, sim, desenvolvendo suas aptidões.

47

Em nossas relações, usamos e abusamos dos adjetivos: o fulano é isso, o sicrano é aquilo, e por aí vai. São expressões generalistas que oferecem pouca informação útil.

Algo similar acontece quando os pais se referem a um comportamento indesejável ou mesmo elogiável dos filhos. Assim, ouvimos: "Você é burro, não acerta nunca!"; "Não sei pra quem você puxou, nunca vai aprender!"; "Você é um caso perdido, desisto!".

Para alguns leitores, essas expressões podem chocar, mas posso garantir que similaridades acontecem com frequência.

A recorrência de expressões negativas detona a autoestima da criança e do jovem, pois cria mecanismos que não lhes permitem ver suas qualidades.

No outro extremo, o excesso de qualificação positiva, sem referência ao comportamento – por exemplo: "Você é a criança mais inteligente da sua sala de aula!" –, pode criar desnecessário conceito de supervalorização.

Sempre que chamar a atenção de seu filho sobre algo, faça referência ao fato; evite emitir juízo sobre a sua pessoa.

É mais significativo mostrar a seu filho quanto você gostou da atitude dele em doar para a biblioteca da escola os livros que ele leu, pois muitas crianças serão beneficiadas, do que dizer que ele é uma pessoa maravilhosa. Sim, a atitude dele foi maravilhosa, mas isso não o torna um ser maravilhoso, seja lá o que tal signifique.

É fácil para os pais entenderem que não se deve repreender uma criança diante de uma plateia, pois o objetivo não é castigá-la ao fazê-la passar por um constrangimento, e sim orientá-la. Da mesma forma, vale adotarmos procedimento parecido quando se trata de elogiar em público.

Acredito que o objetivo do elogio é reforçar a boa atitude da criança, para estimulá-la no bom caminho, fortalecendo sua autoestima, e não inflar seu ego nem alimentar vaidades; portanto, o elogio deve ser feito na intimidade.

Elogios em público parecem satisfazer muito mais a necessidade dos pais em mostrar quanto são bons educadores ou possuem boa genética, do que serem úteis à criança ou jovem.

As demandas do mundo contemporâneo estão formando crianças cada vez mais ansiosas, que se sentem pressionadas e esmagadas pelo peso das expectativas sobre elas.

Nossas crianças precisam de relações mais simples, sem que lhes imponhamos cobranças desnecessárias e prematuras.

Esquecemo-nos geralmente do básico e trivial, que é o respeito em relação ao outro, e o sentido de fraternidade que nos conecta universalmente.

213

Naquilo que vale a pena, procure bater seus próprios recordes.

Por exemplo:

Ler, neste ano, mais livros do que leu ano passado.

Tirar melhores notas nas provas do que tirou no bimestre anterior.

Ser mais obediente aos seus pais nesta semana do que na semana passada.

Você não precisa ser melhor que ninguém.

Seja melhor que você mesmo.

Supere seus próprios limites!

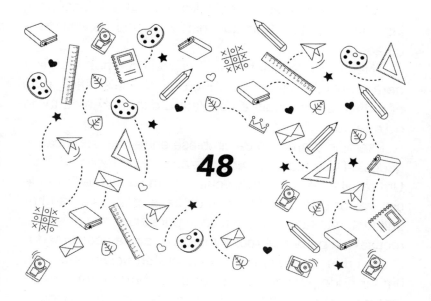

48

Está no Código Civil que os pais devem exigir dos filhos respeito, obediência e serviços próprios para a sua idade e condições.[1]

Quando os filhos respeitam os pais e lhes têm obediência, mais adequada será sua postura diante de autoridades em geral, como professores, policiais e também pessoas mais velhas.

Dos doze ao catorze anos, o adolescente é capaz de ajudar em qualquer atividade doméstica, inclusive a cuidar dos irmãos menores.

---

[1] Código Civil, art. 1.634: Compete a ambos os pais, qualquer que seja a sua situação conjugal, o pleno exercício do poder da família, que consiste em, quanto aos filhos: IX – exigir que lhes prestem obediência, respeito e os serviços próprios de sua idade e condição.

Os pais, ao se darem conta, tardiamente, de que os filhos têm condições de colaborar com as tarefas caseiras, encontram bastante resistência para serem atendidos – sobretudo se iniciados na adolescência, justamente a fase em que estão menos receptivos a colaborar.

Nessa idade, o interesse migrou do âmbito familiar para o social e os amigos. Fica muito mais difícil, mas não deve ser impedimento. Vale o ditado: "Antes tarde do que nunca".

Exemplo dramático da simbiose entre pais sobrecarregados e filhos mal-acostumados aconteceu recentemente. Um casal americano conseguiu, por meio de medida judicial, retirar o filho de 36 anos de casa, pois este não trabalhava, não fazia nada em casa para ajudar os pais e se recusava a perder as mordomias a que fora acostumado.

As crianças devem crescer, preferencialmente, em um lar onde possam aprender a colaborar com o bem-estar comum, dividindo tarefas, sendo generosos e gentis com o outro. E para isso não há idade mínima, e sim tarefas adequadas a cada idade e aptidão.

A família é a primeira escola, que deve formar cidadãos conscientes, colaborativos e responsáveis.[2]

---

2 Tarefas caseiras nas várias faixas etárias, tratadas nos seguintes capítulos: 12,16, 22, 28, e 36 desta obra.

223

O que aconteceria com sua casa se ninguém se preocupasse com a limpeza?

O mesmo acontece com a cidade em que mora.

Com habitantes bem-educados, praças ficam bem conservadas, calçadas limpas, ônibus preservados e escolas livres da pichação etc.

São pequenos deveres que somados fazem grande diferença.

Dizer: "Todos fazem assim" é desculpa para não se incomodar.

Faça o que é certo.

49

É natural filhos pequenos considerarem seus pais verdadeiros heróis. Sendo dependentes, não poderia ser diferente, pois os pais lhes proveem o de comer, aliviam as dores físicas, confortam e os protegem de todos os perigos, oferecendo ainda diversão e carinho. Para eles, os pais são portadores de todo o conhecimento, pois têm respostas para todas as suas indagações.

É de esperar que o filho deseje ser como os pais. E é bastante salutar que assim seja!

Mas pessoas perfeitas não existem, menos ainda no desempenho do papel de pai e mãe.

Falar com o filho sobre seus medos e limitações, assim como eventuais erros, vai ajudá-lo a vê-lo com mais humanidade, principalmente se alguma falta de sua parte envolver seu filho diretamente.

Pior que fazer algo errado é percebê-lo e não admitir ao ofendido que errou, impossibilitando assim a assertiva reparação.

Aja desse modo mais humano, e seu filho terá motivos para continuar admirando-o, recebendo ainda um belíssimo exemplo em que se espelhar.

Seja para seu filho um herói de verdade! *Mostre-se como alguém que está aprendendo também, e disposto a melhorar.*

4

Você está decepcionado com seu pai ou sua mãe! Saiba que eles também se enganam.

Os pais não sabem tudo.

Eles também estão aprendendo.

Erram querendo acertar, assim como você.

Seus pais têm mais bagagem de vida.

Aprenda com eles.

50

A disciplina colocada aos filhos quando pequenos tem papel fundamental no desenvolvimento da capacidade de se autogerenciar no futuro.

Quando tudo é permitido na imaturidade da pouca idade, a criança fica à mercê dos próprios impulsos, e isso pode ser assustador.

Birras na primeira infância e comportamento desafiador nas fases seguintes podem ser um pedido de ajuda: "Estou com medo do que posso ser capaz de fazer, por favor, preciso ser contido".

Regras claras e contextualizadas são introjetadas como valores, verdadeiros faróis a indicar o rumo seguro.

Diante da inconstância e incongruência das atitudes dos pais, os filhos ficam à deriva.

Os pais precisam estar bem sintonizados, orientados por um senso comum nas medidas educativas, embora cada qual tenha seu jeito particular de fazê-lo. Imagine esta simulação: um dos filhos está inconformado porque o irmão vai viajar com a avó e ele não. Porém, a avó se dispõe a fazer uma viagem especial com um neto de cada vez.

Muitos pais tentarão persuadir a vovó a levar os dois netos com ela, e é bem capaz que consigam, ou vão convencer o filho a ficar em troca de uma megarrecompensa.

Espera-se da intervenção disciplinar positiva algo assim: "É difícil quando desejamos algo e não podemos ter, mas agora é a vez do seu irmão viajar com a vovó, e não há nada que você faça que possa mudar isso. Você já viajou com a vovó (ou: na próxima vez é você quem vai); temos que fazer o que é certo".

A disciplina com orientação para a vida exige olhar para além do aqui e agora.

Algumas regras podem ser pautadas na ordem hierárquica de nascimento dos filhos. O filho mais velho tem prioridade em muitas coisas, pois seu lugar assim o confirma, bem como alguns deveres, pelo simples fato de ter nascido primeiro.

Cabe ao mais novo se conformar em se sentar no banco de trás; o lugar ao lado do motorista é por direito do mais velho, caso estejam os dois filhos em passeio com um dos pais. São pequenas compensações que motivam o desejo de crescer e de se sentir grande, pois geralmente os filhos mais novos são menos cobrados e recebem mais atenção.

31

Você não concorda com seus pais.

Sente-se cheio de razão e injustiçado.

Pense na moeda com seus dois lados: só se vê um lado de cada vez.

Olhe o lado que não viu, ou seja, como seus pais estão vendo.

Desta forma, será mais fácil entender o ponto de vista deles e ponderar sua opinião.

51

Criamos os filhos para o mundo.
Orientamos a direção, porém, o voo é individual.
Crianças pequenas adoram fazer as coisas sozinhas. Querem comer sozinhas, sem a ajuda dos adultos, porém esse aprendizado é adiado porque, sozinhas, demoram muito e fazem muita sujeira.

Querem se vestir sozinhas, mas os pais estão sempre com pressa e não dá tempo; além do mais, nem sempre fazem as "melhores" escolhas.

Querem andar, e os carregamos no colo ou usamos o carrinho de bebê, por ser mais prático. Adoram correr, subir em tudo, explorar o parquinho, abraçar o cachorro, tomar banho de chuva, mas tudo é perigoso e pouco recomendado.

Que pena! Tantas oportunidades para reforçar a autoestima desperdiçadas!

As crianças ganham confiança à medida que descobrem seu potencial ao explorar o mundo, e, invariavelmente, tornam-se irritadiças, inseguras, birrentas e medrosas quando os pais não lhes dão crédito para crescerem.

Faz parte dessa crescente autonomia a criança dormir no próprio quarto ou no compartilhado com os irmãos, dormir na casa de avós ou primos, viajar nas férias com os tios, ficar sem a companhia dos pais na festa de aniversário de um colega, pegar o ônibus de linha para ir à escola; acampar com os colegas; fazer faculdade em outra cidade; morar em outro continente; inscrever-se em um projeto de viagem a Marte...

Cada passo dado em direção à sua autonomia é um impulso para o próximo.

Na maioria das vezes, a criança excessivamente dependente dos pais o é, inicialmente, por uma necessidade dos pais, que acabam criando efetivamente dependência na criança.

Os pais temem que o filho precise deles, que se machuque, que não consiga se defender do "terrorismo" dos colegas, que sinta fome e não consiga pedir, que ofereçam comida à qual ele não está acostumado, que não consiga dormir em um lugar estranho sem eles...

Confiem na capacidade emocional da criança em se adaptar às novas situações, superar pequenas frustrações e resolver pequenos impasses.

Conheço uma jovem que até os quinze anos não havia saído desacompanhada na rua por causa dos perigos a que estaria exposta.

A insegurança dos pais cria uma rede de proteção em torno dos filhos, sem que eles percebam quanto é importante os pequenos e gradativos desafios para o enfrentamento dos futuros obstáculos, quando eles próprios estiverem ausentes.

Perigos reais existem; porém, criar nossas crianças e jovens assustados e com medo é tão perigoso quanto, pois não criam "anticorpos" para se defenderem das investidas do mundo e acabam sendo presas mais fáceis.

É preciso controlar nossa ansiedade e angústia como pais, para não adoecer nossos filhos.

226

Crescer resulta em mudanças.

"À medida que você cresce, vai encontrando novas situações, algumas bem difíceis, com as quais precisará lidar, na escola, com os amigos, em casa etc.

Durante a sua vida inteira, terá de lidar com situações e problemas diferentes.

Às vezes essas situações envolvem mudanças que são tristes, como quando perdemos alguém que amamos.

Outras vezes, as situações acabam se tornando maravilhosas."[1]

[...]

---

1 Adaptação do material "Amigos do ZIPPY"

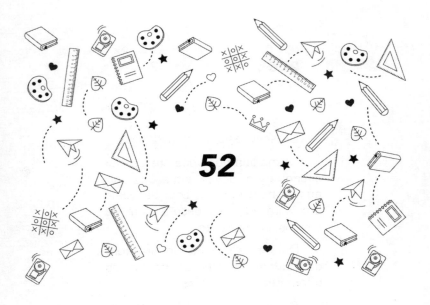

52

Ensine seu filho a ser honesto!

Muitos adultos são honestos apenas diante de uma câmera que os filme ou perante o guarda de trânsito na esquina.

Sentindo-se seguros da impunidade, a conduta muda.

Quando os ganhos justificam o risco, esquecemo-nos da ética.

Sentindo-nos fortes e poderosos na situação, mudamos de lado.

Se todo mundo faz, nos parece ser normal.

Estimule seu filho a ser honesto em todas as circunstâncias de seu espectro de experiências. Isso inclui não colar nas provas escolares; devolver o livro à biblioteca;

se perdeu algo de alguém, fazê-lo ressarcir o prejuízo; incentivá-lo a não mentir, mesmo que com isso fique em apuros. Desse modo, ele estará se responsabilizando por suas atitudes e escolhas.

Aproveite a ampla gama de oportunidades que os jogos de tabuleiro oferecem para ensiná-lo a respeitar as regras do jogo e os direitos do "adversário".

Faça-o perceber as manobras mentirosas e desrespeitosas dos jogadores de futebol para obterem vantagem; a pessoa que furtivamente corta a frente do outro em uma fila; além de outras situações que se repetem diariamente.

Ensine-o a ser fiel em suas convicções, fazendo o que é certo, mesmo que para todos os demais possa parecer tolo.

Aproveite enquanto o tem a seu lado para lhe falar sobre o respeito ao direito do outro. Com base nessas experiências sólidas, será mais fácil orientar-se nas demais situações da vida jovem e adulta.

Senhores pais, se sua conduta contradiz seu eloquente discurso, certamente tais deslizes não passarão despercebidos ao pequeno aprendiz.

Como o melhor método de ensino é o exemplo, procure educar por meio de sua atitude, o que fará de você uma pessoa melhor.

Com esse duplo esforço de educar-se ao ser educador, o mundo sai ganhando. Assim, deixaremos um mundo melhor para as gerações seguintes.

84

Você devolve o troco recebido a mais na cantina da escola, do cobrador de ônibus e outros?

Devolveria a carteira encontrada, cheia de dinheiro, com os documentos para identificar o dono?

Você mostra aos pais a prova com nota baixa?

Somos testados todos os dias na capacidade em ser honestos.

Se não conseguiu ontem, faça hoje!

53

Vivemos um momento histórico em que a caça à corrupção e a privilégios nunca foi tão desejada.

Eis um tempo propício para refletir sobre as responsabilidades individuais desse problema social.

A humanidade está longe do entendimento do certo e errado, pois, quando pode ser beneficiada ou sofrer dano, seu senso de justiça é seriamente abalado, podendo desse modo tanto corromper como ser corrompida.

O país ético que queremos para nossos filhos depende, basicamente, da educação que lhes oferecemos.

É tempo de ensinarmos às crianças o valor da ação correta, simplesmente porque é o certo a fazer, sem esperar recompensas pelo comportamento adequado.

Reforço tal conceito porque muitos pais *só conseguem* a colaboração dos filhos por meio de barganha: "Se você guardar todos os brinquedos, eu lhe dou um chocolate". E mais tarde: "Se passar no vestibular, vai ganhar um carro".

Associar deveres e obrigações com presentes, favores e trocas pode ser desastroso. Mais tarde, no desempenho de sua profissão, pode lhe parecer muito natural aceitar um pagamento extra para permitir que determinado projeto seja colocado à frente de outros na fila para ser aprovado, ou priorizar o projeto daqueles aos quais você se afeiçoa, ou ainda os que lhe oferecem mais vantagens.

Esse tipo de transação costuma ocorrer na mais perfeita naturalidade, pois assim aprenderam tanto o corruptor como o corrompido.

A atitude ingênua de "sempre" oferecer doce à criança ao terminar a lição da escola com capricho segue esse mesmo raciocínio: o de troca.

As consequências positivas de boas condutas acontecem naturalmente; não deveriam ser pré-anunciadas como condição.

O reforço social é imediato, com aprovação por meio de uma comemoração, um sorriso, um olhar expressivo, gestos e palavras, e deveria ser suficiente.

Mais tarde, na vida adulta, a satisfação pelo dever bem cumprido deverá ser a força motriz de suas atitudes.

Esses são os filhos do Brasil que queremos!

54

A criança pequena aprende a montar uma pirâmide de cubos por ensaio e erro, ou seguindo as instruções do adulto para colocar a peça maior embaixo etc. Qual dessas duas experiências desenvolve mais o raciocínio e a confiança dela na resolução de problemas?

Quando seu filho tem dificuldade para descascar uma banana, ou montar um quebra-cabeça, você o incentiva a fazer sozinho ou acaba fazendo por ele?

Diante da dificuldade de uma criança na execução de uma tarefa, geralmente o adulto se antecipa e acaba fazendo por ela.

Por fim, a criança nem tenta mais abrir o pacote de presente sozinha, entregando-o para os pais abrirem.

A ansiedade dos pais em concluir a tarefa rapidamente corrobora para isso.

Senhores pais, observem qual é sua atitude diante de pequenas tarefas que seus filhos poderiam estar executando sozinhos, e se surpreenderão.

Imagine seu filho bravo porque não consegue montar o quebra-cabeça. Você seria capaz de dizer a ele: "Vamos deixar assim, mais tarde você tenta novamente?".

Sem a criança ver naquilo um fracasso, mas algo natural – "não consigo agora, mais tarde eu resolvo esse problema".

55

Imagine seu filho de três, quatro, cinco ou seis anos contrariado com alguma coisa, dizendo-lhe: "Eu vou fugir desta casa!".

Se não aconteceu com você, deve conhecer alguém que passou por isso.

Ouvi dos pais diferentes maneiras para lidar com essa questão, desde fazerem uma trouxinha com pertences da criança, abrirem o portão e a mandarem ir embora; persuadi-la a mudar de ideia, dizendo que, se fosse embora, não poderia levar suas roupas, brinquedos e nada que possuísse; conversar com ela sobre seus motivos a fim de resolver o problema; até desconsiderar o que a criança disse, pontuando que quem manda nela são os pais, e que ela não iria a lugar nenhum e pronto!

Recentemente soube da mais amorosa resposta a esse impasse. Diante da afirmativa do filho de que iria embora de casa, a mãe sentiu no olhar do filho que ele precisava se assegurar de que era importante para os pais. A mãe, então, pegou algumas peças pessoais de roupa e colocou-as em uma sacola.

– Mamãe, o que você está fazendo? – perguntou a criança.

E ela lhe respondeu:

– Se você vai fugir de casa, então vou com você.

– Mas por quê?

– Porque não quero que fique sozinho, nunca. Eu o amo muito – disse, abraçando-o.

Ele, ainda muito surpreso, perguntou:

– Mas por que quer ir comigo?

– Porque vou ficar muito triste se for embora, e também porque quero tomar conta de você para que nada de mau lhe aconteça.

– Mas o papai também pode ir? – perguntou a criança.

– Não, filho, o papai tem que ficar com seus irmãos, trabalhar e tomar conta da casa enquanto não estivermos mais aqui.

Ele parou por instantes para pensar e disse:

– Mamãe, podemos ficar em casa?[1]

A criança, como ocorreu nesta e em outras atitudes radicais, está pedindo ajuda, precisando da atenção dos pais e de acolhimento.

Infelizmente nos deixamos dominar por sentimentos de raiva; faltam-nos calma e humildade diante de nosso orgulho ferido para entender do que a criança precisa.

---

1 Baseado em vídeo disponível em: www.youtube.com/watch?v=E-VSU09q0Sug&feature=share/. Acesso em: 15 de setembro de 2018.

143

Sua família é a família certa para você.

Crescemos juntos, em uma mesma família, para aprendermos a nos querer bem, apesar de pensarmos diferente sobre várias coisas.

Aproveite a oportunidade que a vida lhe deu.

Procure viver em harmonia com seus familiares.

56

Meninos e meninas são criados de maneira diferente. *Os respingos culturais dos séculos passados estão presentes na educação de ambos.*

A educação das meninas as associa a fragilidade e delicadeza. Espera-se que sejam bonitas, obedientes, comportadas, caseiras, cautelosas, emotivas, afetuosas, companheiras e graciosas. Houve época em que esses atributos bastavam a uma mulher. O futuro da menina era o casamento, desacreditando-se em sua capacidade de gerenciar sozinha a própria vida.

A filha ainda desperta nos pais grande necessidade de proteção, cerceando-se seus impulsos de experimentar e explorar o mundo.

A mensagem subliminar passada às meninas é: "Vocês não são capazes" – mensagem essa que causa grande prejuízo em sua autoestima e confiança.

Esse tipo de educação as torna mais vulneráveis, pois as incapacita de se defenderem. Talvez por conta disso as estatísticas apontem tantas mulheres sofrendo maus-tratos por parte dos companheiros, dentro do próprio "lar", além de coerção na esfera profissional.

A expressão "Parece um menino" é dita à menina com certo orgulho, como se ela tivesse ultrapassado as fronteiras comuns às meninas. O contrário, "Parece uma menina", dito ao menino é quase um xingamento.

Os tempos modernos exigem postura educativa democrática.

Meninas podem e devem testar seus limites subindo em árvores, andando de *skate*, brincando de carrinho com controle remoto, com jogos de armar e construção, se assim desejarem.

Escrevi neste livro que não há uma ética para meninos e outra para meninas. Da mesma forma, não deveria haver brincadeiras que fossem perigosas para meninas e não o fossem para meninos. Se forem inadequadas, são para ambos.

Com a educação democrática, a menina descobre novas aptidões, cria mais oportunidades para o autorreconhecimento, testa os próprios limites, enfrenta medos, cria mais coragem e estará mais preparada para os desafios da vida adulta.

A melhor maneira de proteger uma menina e a mulher que ela será um dia é estimulando sua independência e autoconfiança.

Pais são autoridades dentro do lar, a quem os filhos vão admirar e respeitar, assim como "odiar", temporariamente, tantas outras vezes.

Se você precisa se sentir amado o tempo todo, devo avisá-lo de que terá à frente sérios problemas.

Lembre-se de que a missão dos pais é amar, cuidar e orientar, para que os filhos sejam no futuro pessoas boas e independentes. Ser amado por eles é mera consequência.

Saber diferençar faltas graves de pequenas travessuras lhe será útil. A "sentença" deve ter relação com a gravidade do "crime". A lógica e a coerência de sua conduta ensinarão seu filho a distinguir a relativa importância de seus feitos.

Cuidado com o "castigo" dado sob o efeito da emoção, pois compromete o discernimento da situação.

Comer escondido o doce antes da refeição é uma pequena travessura, comum às crianças, e não pode ter as mesmas consequências de quando, por exemplo, uma criança quebra um vaso jogando-o contra a parede em um ataque de raiva.

Sempre que possível, use a técnica da reparação ao invés da de punição.

É mais significativo consertar o que foi quebrado, limpar o que sujou, comprar com suas economias o que perdeu ou estragou por descuido, deixar de ver televisão para fazer a lição atrasada da escola, retratar-se com o outro diante da ofensa, pois esses atos têm relação direta com o malfeito.

A reparação do mal praticado é um aprendizado muito útil.

80

Jamais levante a voz para seus pais.

Por mais irritado que esteja, você lhes deve respeito por toda vida, pelo fato de eles serem seus pais.

Se você deseja ser ouvido, fale, questione, argumente, mas sempre controle o tom de sua voz.

Seja sempre respeitoso.

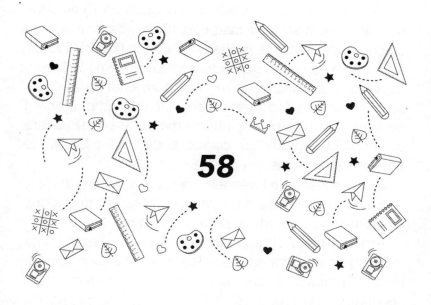

58

A casa onde moramos é apenas o espaço físico; é a boa psicosfera do ambiente que fará de sua casa um lar.

Fale deliberadamente sobre o amor dentro do seu lar. O bem precisa crescer e florescer no íntimo das pessoas e ser semeado dentro da família.

A família é uma bênção, com a missão de disseminar o amor, independentemente de como são constituídas, de classe social, época, cultura, religião ou outras características.

Todas as famílias cristãs deveriam reservar um momento durante a semana para falarem sobre Jesus e seus ensinamentos.

Várias religiões estimulam e orientam seus fiéis a levarem o Evangelho de Jesus para dentro do lar, nos moldes das primeiras reuniões do cristianismo.

Quando crianças participam do Culto do Evangelho no Lar, devem-se usar materiais (livros, desenhos para colorir) especialmente preparados para o público infantil, para que o conteúdo seja apreendido de forma lúdica.

A intencionalidade da reunião para falar de Jesus e seus ensinamentos fará de seu lar um templo, criará sinergia com o plano espiritual e melhorará a psicosfera do ambiente doméstico, colaborando para o equilíbrio emocional de todos.

Como deve ser o Evangelho no Lar? É muito simples: Elegem-se um dia da semana e hora em que todos possam estar presentes para o encontro.

A prece deve abrir e fechar a reunião, depois uma mensagem positiva deve ser lida e aberta para comentários. Quando crianças participam, devem-se escolher histórias curtas e de fácil compreensão, próprias para a idade delas.

Traga voluntariamente Jesus para dentro de seu lar, expandindo o fluxo amoroso em sua morada.

22

Nunca faça aos outros o que não gostaria que os outros fizessem a você.

Esse ensinamento é de Jesus.

Dessa forma, saberemos se estamos agindo bem ou mal com as pessoas.

Agir corretamente traz paz ao coração.

As crianças francesas têm fama de serem as mais disciplinadas do planeta. São conhecidas por se comportarem bem em lugares públicos, não fazerem birra e serem obedientes aos pais.

Terão eles alcançado o desejável meio-termo entre a liberdade e a repressão de outrora?

Pais franceses primam pelo respeito e pelo reconhecimento da autoridade dos pais por parte dos filhos.

Não colocam os filhos no centro das atenções. Dessa forma, evitam atendê-los de imediato quando solicitados, fazendo-os, estrategicamente, esperar um pouquinho. Talvez por isso eles não interrompam a conversa dos adultos, já que aprenderam a aguardar sua vez.

As regras básicas da casa são atendidas com naturalidade, sem ser contestadas. Por exemplo, a refeição é a mesma para todos, não há concessões alimentares, as crianças são encorajadas a provarem todos os alimentos. Os pais não deixam a criança perceber quanto querem que ela coma. Por isso, não elogiam nem comemoram demais.

Para crianças com menos de cinco anos, poupam as longas explicações; quando há resistência por parte da criança, simplesmente dizem: "Vai ser assim porque sou sua mãe (ou seu pai) e sei o que é melhor para você!".

A criança é estimulada a ser independente o mais cedo possível. Em um parquinho, por exemplo, ela é supervisionada à distância, e, ao cair, os pais permitem que se levante sozinha.

Durante a noite, os pais não se levantam a cada barulho. Costumam dar um tempo, de até 15 minutos, para ver se a criança volta a dormir sozinha.

Não preenchem o dia da criança com mil atividades, nem o final de semana com muitos programas. A criança aprende a preencher seu tempo sozinha. É estimulada a inventar as próprias brincadeiras. Portanto, está mais preparada a conviver com o tédio.

Pais franceses fazem com que a criança se adapte à família como um todo, na qual há vários interesses em jogo, e não apenas as necessidades dela.

O meio-termo sempre foi a melhor medida. Conciliar a estrutura disciplinadora da educação europeia com o carinho e a afetividade da educação latina, que cria laços mais fortes entre os membros da família, parece ser uma boa meta.

19

Se você quer suas vontades satisfeitas na hora e do seu jeito, verá que, quase sempre, é impossível.

Os outros, assim como você, também têm vontades e necessidades.

Vivemos em comunidade.

Compreenda as outras pessoas colocando-se no lugar delas.

Assim, será melhor para todos.

'Obrigado' para agradecer,
'Com licença' se quero passar
'Por favor' digo sempre pra pedir
E 'desculpe-me' pra me desculpar.

Eu pra você, você pra mim,
E toda gente é mais feliz,
Se sempre se lembrar de dizer
'Obrigado'.[1]

---

1 Vilma de Macedo Souza. *Gentilmente.* Disponível em: http://www.acervoespirita.com.br/cifra/musica/id/4976/nome/GENTILMENTE. Acesso em: 25 de setembro de 2018.

Essa é uma das muitas músicas pedagógicas sobre as palavrinhas mágicas da boa educação.

Essas e outras regrinhas básicas, infelizmente, não estão sendo praticadas dentro do lar.

Fora de casa, lembramos os filhos de cumprimentar as pessoas e usar as palavras "por favor", "com licença", "desculpe", "obrigado", mas dentro de casa quase não as ouvimos.

O mesmo acontece com a permissão do dono do objeto desejado, para pegá-lo ou usá-lo – algo que, entre irmãos, pode evitar muitas brigas: "Posso andar na sua bicicleta?"; "Mãe, posso pegar o seu celular?"; "Mano, posso brincar com o seu brinquedo?"; "Você me empresta 'tal coisa'?".

Assim se ensinam o respeito pelo que é do outro e a responsabilidade em cuidar bem daquele objeto que lhe foi cedido.

A música que iniciou este capítulo continua assim: "Eu pra você, você pra mim; e toda gente é mais feliz; se sempre se lembrar de dizer: 'Obrigado' para agradecer, 'com licença' se quero passar; 'por favor' digo sempre pra pedir; e 'desculpe-me' pra me desculpar..."

60

Você já ouviu falar sobre as palavrinhas mágicas?

— Bom dia!

— Boa noite!

— Tudo bem?

— Posso ajudar?

— Com licença.

— Desculpe.

— Por favor.

— Obrigado.

Com elas, a convivência em família fica bem melhor. Comece hoje mesmo!

61

A presença do pai é de suma importância na educação dos filhos, embora muitos pais não se deem conta disso, e não estou falando de pais separados.

Pai e mãe são portadores de características bem singulares, que viabilizam o estabelecimento de relações riquíssimas com os filhos.

É compreensível que a condição biológica da mulher facilite o desenvolvimento de vínculos afetivos entre mãe e bebê. Fica clara a expectativa social, desde a infância, ao ganhar a primeira boneca.

Por conta da educação, é difícil para a mãe abrir espaço ao pai, mesmo se queixando de estar sobrecarregada com o acúmulo de tarefas com o bebê recém-nascido.

Por outro lado, nunca se esperou dos homens algo parecido. Cresceram vendo meninas cuidando de bonecas, mulheres cuidando das crianças, sejam elas mãe, avó, "tia" da creche, professoras ou babá.

O despreparo dos homens para a paternidade é compreensível! Muitos homens têm receio de pegar no colo os filhos recém-natos, e só estabelecem relação com eles após um ano de idade.

É importante compreendermos as diferentes motivações que determinam comportamentos tão diferentes entre homens e mulheres. Talvez assim a mulher não se magoe com a indiferença do parceiro diante de providências como a decoração do quarto do bebê, por exemplo, e o homem não se sinta rejeitado quando a esposa o deixar na hora do namoro para atender imediatamente a um balbucio do bebê.

Ambos precisam se ajudar para quebrar tabus.

A mãe não pode ser pai e pai não pode ser mãe na ausência do outro; são papéis complementares.

O que distingue pai e mãe não deve ser a função exercida, mas a maneira diferente de fazer a mesma coisa.

RESUMO

Capítulo 1 _____ 15
A criança deve sentir que seus pais a amam pelo simples fato de ela existir na vida deles!

Capítulo 2 _____ 17
Amor e técnica são binômios eficazes para tudo na vida, inclusive na educação dos filhos.

Capítulo 3 _____ 19
Os novos tempos exigem uma postura amorosamente pedagógica e firme dos pais, favorecendo consciências ávidas por participação, aprendizado, compreensão e transformação.

Capítulo 4 _____ 21
Para educar é imperativo se autoeducar.

Capítulo 5 _____ 24
Educadores e pensadores são unânimes sobre a necessidade de ensinar a empatia para as crianças.

Capítulo 6 _____ 27
Aproveite para iniciar a conversação com conteúdo emocional mais rico e significativo na primeira infância, quando as crianças estão mais receptivas a formar hábitos e crenças.

Capítulo 7 _____ **30**
Naturalmente, os pais cometem muitos enganos querendo acertar.

Capítulo 8 _____ **33**
A criança sentirá que seus pais a amam sem a instabilidade do "mereço ou não".

Capítulo 9 _____ **36**
Ao decidirem ser pais, jogam-se amorosamente nesta aventura, correm riscos e, ao assumirem essa responsabilidade, se engrandecem.

Capítulo 10 _____ **38**
Ser pai e mãe é um curso de especialização para o autoaperfeiçoamento.

Capítulo 11_____ **41**
O elogio incentiva a criança a continuar por um caminho pelo qual ela já deu alguns passos.

Capítulo 12 _____ **45**
Com pouco mais de um ano, a criança tem capacidade motora suficiente para realizar movimentos que permitem uma série de atividades.

Capítulo 13_____ **47**
A busca pela educação dos sentimentos é uma preocupação contemporânea.

Capítulo 14_____ **51**
Cada vez mais são valorizados na sociedade e na mídia o orgulho masculino em ser pai e o desejo genuíno de acompanhar de perto o desenvolvimento dos filhos.

Capítulo 15_____ **53**
Muitos destes "nãos" ditos à criança poderiam ser substituídos pela comunicação do comportamento esperado.

Capítulo 16_____ **55**
No que crianças de dois a três anos são capazes de ajudar em casa?

Capítulo 17_____ **57**
As reuniões de pais e palestras pedagógicas são boas oportunidades para avaliar a ideologia da instituição na qual seu filho recebe instrução.

Capítulo 18_____ **60**
A maioria das crianças não apresenta conflito em sua identidade de gênero. Mostram-se bem integradas e satisfeitas consigo mesmas como meninos ou meninas.

Capítulo 19 _____ **63**

O momento de ir para a cama deve ser aguardado como "momento especial" do dia, de intimidade e afetividade, preferencialmente por um dos pais.

Capítulo 20 _____ **65**

A criança que apanha em casa tem grande chance de reproduzir o comportamento aprendido com os pais com seus irmãos e colegas.

Capítulo 21 _____ **68**

Não podemos educar as crianças como se todas estivessem em conflito com sua identidade de gênero, sem com isso criar novos problemas.

Capítulo 22 _____ **70**

Por volta de quatro a cinco anos a criança já é capaz de fazer sozinha algumas tarefas que antes eram acompanhadas e supervisionadas por adultos.

Capítulo 23 _____ **72**

Momento precioso junto aos filhos pequenos, do qual os pais não devem abrir mão, é a hora de colocá-los na cama.

Capítulo 24_____ **74**

A espiritualização é bem precioso que os pais devem oferecer na educação dos seus filhos.

Capítulo 25 _____ **78**

A melhor maneira para introduzir o conceito de Deus na vida de nossos filhos é por meio da prece.

Capítulo 26 _____ **82**

É angustiante para os filhos presenciar desentendimentos entre os pais.

Capítulo 27 _____ **86**

Meninos e meninas só têm a ganhar quando entram no universo antes severamente reservado a um ou a outro, favorecendo o equilíbrio entre anima e animus.

Capítulo 28 _____ **89**

O que antes a criança de seis a oito anos fazia com a ajuda de um adulto, agora consegue fazer por si mesma.

Capítulo 29 _____ **92**

A criança só se torna um consumidor voraz e insaciável porque os pais permitiram.

Capítulo 30 _____ **96**

A grande diversidade de trocas afetivas verdadeiras e significativas assegura à criança que ela pode contar com o amor e os cuidados de outros parentes.

Capítulo 31 _____ **99**
"A ideia que a criança formará de si mesma, o quanto ela se amará e se sentirá amada depende essencialmente do quanto a mãe expressou o seu bem-querer durante a gestação."

Capítulo 32 _____ **103**
Em alguns casos, o divórcio pode ser a alternativa mais recomendada e a menos traumatizante para os filhos.

Capítulo 33 _____ **107**
Em nenhum outro momento da história da humanidade a criança esteve tão em condição de entender o porquê do "não" quanto na atualidade.

Capítulo 34 _____ **109**
Quanto mais incentivarmos nossos filhos a expressar a gratidão, mais fácil e natural ficará para eles encontrarem motivos para gostar da vida que têm.

Capítulo 35 _____ **113**
Infelizmente, nossas crianças conseguem o que desejam cada vez com mais facilidade, sem muito esforço, tempo de espera ou merecimento.

Capítulo 36 _____ **116**
De nove a onze anos, elas já podem se encarregar do cumprimento metódico de tarefas que sejam contínuas, e que antes eram realizadas esporadicamente.

Capítulo 37 _____ **118**
Se a casa é de todos e para todos, é bastante lógico o raciocínio de que todos devem colaborar para tornar seu lar um ambiente limpo e agradável.

Capítulo 38 _____ **121**
Muitos problemas e mal-entendidos podem ser evitados se a comunicação dos pais para com os filhos for clara e precisa.

Capítulo 39 _____ **123**
Aproveite reportagens e noticiários para ampliar o olhar de seu filho sobre as dificuldades enfrentadas pelas pessoas.

Capítulo 40 _____ **126**
Nesta tenra idade, a criança está se afirmando como ser individual, separado da mãe, e descobrindo que tem vontade própria. É natural e saudável exercitar essa nova condição fazendo escolhas.

Capítulo 41 _____ **129**
Há mais chances de desenvolvermos relacionamentos sadios na vida adulta quando este aprendizado acontece gentilmente.

Capítulo 42 _____ **131**
A criança com medo de perder o amor dos pais vai deixando de ser ela mesma e cresce criando personagens bonzinhos para ser aceita pelos pais, pelos amigos e, mais tarde, pelo namorado, patrão...

Capítulo 43 _____ **134**
Independentemente de todas as informações que recebemos sobre educação, é por ensaio e erro que nos aprimoramos.

Capítulo 44 _____ **137**
É altamente terapêutico e reconfortante saber que a identidade daquele que morreu, com suas ideias, pensamentos e lembranças, está preservada; que não desapareceu junto com o corpo que foi enterrado ou cremado.

Capítulo 45 _____ **142**
O predomínio da função introvertida, tanto quanto da extrovertida, tem suas vantagens e desvantagens. Não há certo nem errado.

Capítulo 46 _____ **145**
Ao compararmos nossos filhos, o que determina o que é bom ou ruim para eles é o desempenho do outro, o que diminui a chance de desenvolvimento de suas próprias potencialidades.

Capítulo 47 _____ **149**
Sempre que chamar a atenção de seu filho sobre algo, faça referência ao fato; evite emitir juízo sobre a sua pessoa.

Capítulo 48 _____ **153**
Dos doze ao catorze anos, o adolescente é capaz de ajudar em qualquer atividade doméstica.

Capítulo 49 _____ **156**
Mostre-se como alguém que está aprendendo também, e disposto a melhorar.

Capítulo 50 _____ **159**
Regras claras e contextualizadas são introjetadas como valores, verdadeiros faróis a indicar o rumo seguro.

Capítulo 51 _____ **162**
As crianças ganham confiança à medida que descobrem seu potencial ao explorar o mundo.

Capítulo 52 _____ **166**
Ensine seu filho a ser honesto!

Capítulo 53 _____ **169**
As consequências positivas de boas condutas acontecem naturalmente; não deveriam ser pré-anunciadas como condição.

Capítulo 54 _____ **171**
Diante da dificuldade de uma criança na execução de uma tarefa, geralmente o adulto se antecipa e acaba fazendo por ela.

Capítulo 55 _____ **173**
Infelizmente nos deixamos dominar por sentimentos de raiva; faltam-nos calma e humildade diante de nosso orgulho ferido para entender do que a criança precisa.

Capítulo 56 _____ **176**
Os respingos culturais dos séculos passados estão presentes na educação de meninos e meninas.

Capítulo 57 _____ **178**
Sempre que possível, use a técnica da reparação ao invés da de punição.

Capítulo 58 _____ **181**
A casa onde moramos é apenas o espaço físico; é a boa psicosfera do ambiente que fará de sua casa um lar.

Capítulo 59 _____ **184**
Pais franceses fazem com que a criança se adapte à família como um todo, na qual há vários interesses em jogo, e não apenas as necessidades dela.

Capítulo 60 _____ **187**
Fora de casa, lembramos os filhos de cumprimentar as pessoas e usar as palavras "por favor", "com licença", "desculpe", "obrigado", mas dentro de casa quase não as ouvimos.

Capítulo 61 _____ **190**
O que distingue pai e mãe não deve ser a função exercida, mas a maneira diferente de fazer a mesma coisa.

CRESCENDO COM SABEDORIA
para jovens leitores

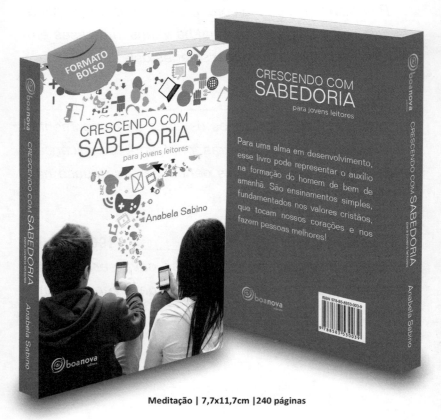

Meditação | 7,7x11,7cm | 240 páginas

Levamos o livro Espírita cada vez mais longe!

AMADURECENDO COM SABEDORIA

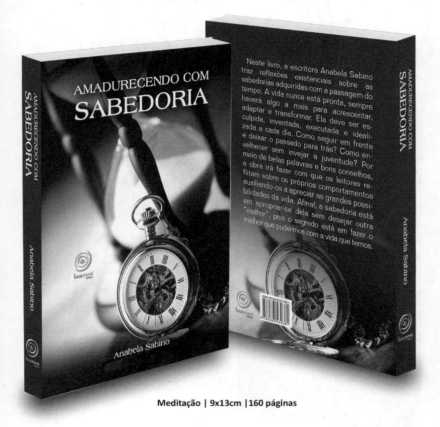

Meditação | 9x13cm | 160 páginas

boanova editora

Levamos o livro Espírita cada vez mais longe!

Cleber Galhardi
ditado por Matheus

Ideias são componentes essenciais para guiar nossa existência; elas podem nos libertar ou nos manter aprisionados.
Ideias salutares têm o poder de nos transformar e mudar nossa vida. Sem impor verdades absolutas, Ideias que Transformam convida o leitor à reflexão e a buscar novas formas de exergar o mundo e a si mesmo.

Mensagens | 9x13cm | 192 páginas

Boa Nova Catanduva-SP | 17 3531.4444 | boanova@boanova.net

Levamos o livro espírita cada vez mais longe!

📍 Av. Porto Ferreira, 1031 | Parque Iracema
CEP 15809-020 | Catanduva-SP

🌐 www.**boanova**.net

✉ boanova@boanova.net

📞 17 3531.4444

💬 17 99777.7413

Siga-nos em nossas redes sociais.

@boanovaed

boanovaeditora

CURTA, COMENTE, COMPARTILHE E SALVE.
utilize #boanovaeditora

Acesse nossa loja

Fale pelo whatsapp